"Doktorgrad entzogen!"

"Doktorgrad entzogen!"

Aberkennungen akademischer Titel
an der Universität Köln 1933 bis 1945

Verfasst und herausgegeben von

Margit Szöllösi-Janze

und

Andreas Freitäger

und den
TeilnehmerInnen des Hauptseminars
„Die Universität Köln im Nationalsozialismus“,
Wintersemester 2003/2004

KIRSCH VERLAG

Margit Szöllösi-Janze, Andreas Freitäger

Titel: **"Doktorgrad entzogen!"**
Aberkennungen akademischer Titel an der Universität Köln 1933 bis 1945

ISBN: **3-933586-42-9**
Dezember 2005

Impressum:

Redaktion Dagmar Herrmann

Verlag KIRSCH-Verlag, 51588 Nümbrecht, Brucher Str. 31
www.kirsch-verlag.de – E-Mail: ki@kirsch-verlag.de
Handy: 0170 - 66 29 027 • Tel. 02293/ 815 415
Fax 02293/ 815 136

Satz Wolfgang Kirsch M.A. , ZAIK/RRZK der Universität zu Köln

Druck rewi druckhaus, 57532 Wissen, imprimé en Allemagne

Inhaltsverzeichnis

Der Rektor der Universität zu Köln
Prof. Dr. Axel Freimuth

Erklärung

Die Universität zu Köln stellt fest, dass durch Organe der Universität in den Jahren der nationalsozialistischen Gewaltherrschaft zwischen 1933 und 1945 im Namen der Universität aus politischen und rassistischen Gründen oder Motiven an Mitgliedern und Angehörigen der Universität Unrecht begangen worden ist. Die Universitätsorgane haben in diesen Jahren Doktorgrade entzogen, Relegationen von Studierenden vorgenommen und Verfolgungen eingeleitet, die zu Entlassungen, Vertreibungen oder Gefährdungen von Leib und Leben geführt haben. Eine nachträgliche Korrektur oder eine Wiedergutmachung des begangenen Unrechts ist heute nicht mehr möglich, so dass sich die Universität von der eigenen Schuld nicht durch einen einmaligen Akt befreien kann, zumal die Aufklärung dieser Vorgänge, die Auseinandersetzung mit ihnen und die Übernahme der Verantwortung für das seitens der Universität verübte Unrecht mehr als ein halbes Jahrhundert versäumt worden ist. Diese Akte der politischen Verfolgung haben die Menschenrechte verletzt. Sie waren willkürlich, menschenverachtend und einer Universität unwürdig. Sie widersprachen zutiefst den humanistischen Idealen, denen sich die Universität zu Köln heute verpflichtet fühlt. Die Universität hat sich an den Opfern dieser Willkürmaßnahmen schuldig gemacht und bekennt sich voller Scham zu ihrer Verantwortung.

Die Universität erklärt weiterhin, dass die Aberkennung des Doktorgrades der nachfolgend aufgeführten Personen wegen Sittenwidrigkeit nichtig ist und daher von Anfang an ungültig war. Die Entscheidungen der damaligen Repräsentanten der Universität zu Köln waren grob willkürlich und menschenverachtend. Die Akten des Universitätsarchivs weisen folgende Personen aus, für die dies mit hinreichender Wahrscheinlichkeit zutrifft. Aufgrund der lückenhaften Aktenlage ist zu vermuten, dass weiteren Personen Doktorgrade unrechtmäßig entzogen wurden. Die oben aufgeführte Erklärung schließt diesen Personenkreis mit ein. In diesen und in den Fällen der Verfolgungen sieht die Universität es als ihre Aufgabe an, die individuellen Fälle aufzuklären und in jedem Einzelfall darauf hinzuwirken, dass das Recht wiederhergestellt wird.

Folgenden Personen wurde während des Nationalsozialismus zu Unrecht der akademische Grad entzogen:

1. ALEXANDER, Werner (*28.10.1905 in Bünde i. W.): Promotion zum Dr. rer. pol. am 30.7.1930; Entziehung am 3.7.1940; Aufhebung des Beschlusses durch den Entziehungsausschuss der Universität am 23.2.1954.
2. ARENZ, Michael (*3.3.1901 in Godesberg): Diplomkaufmann 1923; Promotion zum Dr. rer. pol. am 25.2.1926; Entziehung beider Grade am 5.3.1941; Rehabilitierung durch die Fakultät 1953.
3. AUERBACH, Walter Siegmund Selig (*22.7.1905 in Hamburg; †23.3.1975 in Bad Godesberg): Promotion zum Dr. phil. am 23.11.1931; Entziehung am 8.7.1939.
4. BLOCH, Reinhard (*9.1.1900 in Köln; †nach 1967): Promotion zum Dr. jur. am 27.10.1924; Entziehung am 18.8.1941; Wiederverleihung durch die Fakultät 1967.
5. BLOCH, Werner (*22.9.1898 in Köln; †15.12.1968 in East Orange, Essex, NJ): Promotion zum Dr. med. am 22.6.1923; Entziehung am 28.8.1941.
6. BOCH, Theodor (*14.9.1905 in Köln): Promotion zum Dr. jur. am 10.6.1932; Entziehung am 3.2.1938; Genehmigung zur Führung des Titels auf dem Gnadenwege durch das Ministerium 1938.
7. BÖHMER, Christian jun. (*30.12.1899 in Köln): Promotion zum Dr. med. dent. am 28.7.1923; Entziehung am 27.10.1936; Widerspruch vom Reichserziehungsminister abgelehnt. Am 29.7.1946 stellte Böhmer beim Oberpräsidenten der Rheinprovinz einen Antrag auf Rehabilitierung (Ausgang unbekannt).
8. CRAMER, Albert (*6.8.1897 in Bonn): Promotion zum Dr. med. am 30.5.1922; Entziehung am 8.3.1940.
9. DRECKSTRÄTER, Karl Willi (*13.3.1906 in Gummersbach): Promotion zum Dr. rer. pol. am 15.12.1934; Entziehung am 31.5.1938.
10. DUBBEL, Fritz (*11.4.1908 in Aachen): Promotion zum Dr. med. am 29.11.1935; Entziehung 1941; Antrag auf Rehabilitierung an die Medizinische Fakultät vom 20.3.1948 (Ausgang unbekannt).
11. ECKSTEIN, Kurt (*14.6.1896 in Oberhausen): Promotion zum Dr. phil. am 26.11.1926; Entziehung am 13.12.1937.
12. ELKAN (verh. Rauch), Anneliese (*20.6.1899 in Mönchengladbach): Promotion zum Dr. phil. am 9.2.1924; Entziehung am 23.2.1940.

13. Elkan, Josef (*9.1.1885 in Wesel): Promotion zum Dr. med. am 5.7.1921; Entziehung am 8.3.1940.

14. Fink, Hermann (*1.6.1896 in Metzkausen, Kreis Düsseldorf): Promotion zum Dr. med. 1923/24; Entziehung am 15.1.1936; 1942 Wiederzuerkennung des Doktortitels durch die Parteikanzlei.

15. Flechtheim, Ossip K. (*5.3.1909 Nikolajew/Russland; †4.3.1998 in Berlin): Promotion zum Dr. jur. am 9.2.1934; Entziehung am 14.4.1938; Rehabilitierung auf eigenen Antrag durch die Rechtswissenschaftliche Fakultät am 10.4.1947.

16. Folkert, Wilhelm (*20.7.1893 in Berlin): Promotion zum Dr. med. am 22.3.1920; Entziehung am 19.12.1940; Rehabilitierung durch die Fakultät am 14.5.1957.

17. Frank, Anshelm Wolfgang (*28.2.1897 in Halle/Saale): Promotion zum Dr. med. am 6.3.1925; Entziehung am 21.1.1938.

18. Fuchs, Heinrich (*14.8.1893 in Köln-Ehrenfeld): Promotion am 17.3.1921 zum Dr. med.; Entziehung am 29.4.1940.

19. Gaul, Karl (*26.6.1908 in Köln): Promotion zum Dr. med. am 28.6.1934; Entziehung am 18.6.1941; Wiederzuerkennung durch die Medizinische Fakultät auf dem Gnadenwege am 22.1.1942 nach Wiederverleihung der Approbation.

20. Grütering, Ernst M. (*5.7.1902 in Aachen): Promotion zum Dr. phil. am 11.4.1925; Entziehung am 18.8.1936.

21. Hermann, Heinz (*22.10.1904 in Düsseldorf): Promotion zum Dr. jur. am 24.6.1932; Entziehung am 25.6.1941.

22. Heumann, Leo (*17.10.1905 in Lippstadt): Dipl.-Volkswirt Februar 1929; Entziehung des Diplomgrades am 27.11.1939 durch den Diplomprüfungsausschuss.

23. Hirsch, Moritz (*15.10.1895 in Polch, Kreis Mayen): Promotion zum Dr. phil. am 24.2.1922; Entziehung am 10.3.1939.

24. Hoffmann, Leopold (*15.5.1886 in Wolbeck/Westfalen): Promotion zum Dr. med. dent. am 8.7.1921; Entziehung am 28.11.1940.

25. Kaczmarek, Johann (*25.7.1895 in Bochum; †Juli 1977 in Washington, DC): Promotion zum Dr. rer. pol. am 31.7.1922; Entziehung am 28.2.1942; durch den Entziehungsausschuss der Universität aufgehoben im November 1953.

26. Kahn, Heinz (*27.4.1902 in Wuppertal): Promotion zum Dr. jur. am 27.7.1923; Entziehung am 23.11.1938; Erneuerung der Doktorurkunde nach 50 Jahren am 1.9.1981 durch den Dekan der Rechtswissenschaftlichen Fakultät.

27. Kahn, Julius (*30.5.1896 in Dortmund): Promotion zum Dr. med. am 13.1.1922; Entziehung am 22.4.1939.

28. Kaldenbach, Gustav (*2.6.1888 in Grevenbroich): Promotion zum Dr. med. am 4.7.1922; Entziehung am 19.9.1939.

29. Kohlen, Karl-Erich (*2.3.1904 in Essen): Promotion zum Dr. jur. am 2.12.1932; Entziehung am 2.10.1939.

30. Kötter, Walter (*16.2.1888 in Elberfeld): Promotion zum Dr. jur. am 1.7.1921; Entziehung am 7.11.1938.

31. Kresse, Alwin (*21.1.1895 in Köln-Deutz): Promotion zum Dr. med. am 26.7.1921; Entziehung am 17.4.1939; Antrag auf Wiederverleihung 1946 erneut abgelehnt.

32. Landsberg, Paul Ludwig (*3.12.1901 in Bonn; †KZ Oranienburg 2.4.1944): Promotion zum Dr. phil. am 12.2.1923; Entziehung am 14.4.1939.

33. Lazarus, Josef (*24.2.1894 in Trier): Promotion zum Dr. med. am 21.10.1920; Entziehung am 10.5.1939.

34. Levy, Ernst (*14.2.1900 in Krefeld): Promotion zum Dr. jur. 9.2.1923; Entziehung am 16.10.1939.

35. Levy, Kurt (*7.12.1895 in Oberhausen): Promotion zum Dr. med. am 8.3.1923; Entziehung am 20.10.1939.

36. Loeb, Otto Wolfgang (*30.5.1898 in Trier): Promotion zum Dr. rer. pol. am 18.2.1922; Entziehung am 2.5.1938.

37. Lörges, Karl (*5.1.1904 in Elberfeld): Promotion zum Dr. phil. am 20.12.1926; Entziehung am 27.7.1938.

38. Löwendahl, Hans Adolf (*17.2.1905 in Köln; †in einem unbekannten KZ; zum 8.5.1945 für tot erklärt): Promotion zum Dr. jur. am 27.7.1932; Entziehung am 21.12.1937.

39. Mayer, Hans (*19.3.1907 in Köln; †19.5.2001 in Tübingen): Promotion zum Dr. jur. am 17.7.1930; Entziehung am 14.5.1938; Erneuerung der Doktorurkunde nach 50 Jahren durch den Dekan der Rechtswissenschaftlichen Fakultät am 1.9.1981.

40. Meininghaus, Max (*27.1.1891 in Dortmund): Promotion zum Dr. jur. am 25.2.1921; Entziehung am 27.1.1939.

41. Mennen, Hermann-Josef (*2.12.1900 in Rheydt): Promotion zum Dr. jur. am 13.12.1929; Entziehung am 6.7.1938; Antrag auf Wiederverleihung am 12.3.1946 (Ausgang unbekannt).

42. Moses, Otto (*24.8.1900 in Mülheim/Ruhr): Promotion zum Dr. med. am 18.7.1923; Entziehung am 6.12.1937.

43. Müller, Johannes (Hans) (*23.3.1897 in Keuten, Kreis Bergheim): Promotion zum Dr. rer. pol. am 15.7.1920; Entziehung am 12.1.1939; Wiederverleihung durch die Fakultät im Januar 1948.

44. Neugarten, Fritz (*26.3.1910 in Düsseldorf; †28.9.1990 in den USA): Promotion zum Dr. jur. am 30.6.1933; Entziehung am 8.9.1939.

45. Panzer, Otto (*25.9.1897 in Siegburg): Promotion zum Dr. med. am 28.11.1922; Entziehung am 27.1.1936. Im September 1944 wegen Vergehens gegen das sog. „Heimtückegesetz“ verhaftet und in das Messelager Köln eingeliefert, dort als Lagerarzt tätig. Wichtiger Zeuge der Staatsanwaltschaft in den Verfahren 1951/55 und 1967/70.

46. Pappenheim, Fritz (*18.5.1902 in Köln): Promotion zum Dr. rer. pol. am 23.2.1928; Entziehung am 13.7.1939; Aufhebung des Beschlusses durch den Entziehungsausschuss der Universität am 23.2.1954.

47. Pelzer, Lorenz (*6.8.1896 in Düren): Promotion zum Dr. med. am 14.3.1924; Entziehung am 1.7.1942; Antrag auf Rehabilitierung an die Medizinische Fakultät am 8.4.1946.

48. Philipp, Hans Gotthold (*28.6.1906 in Köln): Promotion zum Dr. jur. am 27.7.1932. Mitglied der KPO; Entziehung des Doktorgrades am 18.8.1941; am 16.12.1960 Bestätigung der Doktorwürde durch den Dekan der Rechtswissenschaftlichen Fakultät. Der in Paris wohnhafte Philipp war damals als Rechtsanwalt beim OLG Köln zugelassen.

49. Roters, Josef (*12.12.1889 in Coesfeld): Diplomkaufmann 1918; Promotion zum Dr. rer. pol. am 22.12.1920; Entziehung am 3.11.1936.

50. Salomon (geb. Lobbenberg), Anna Therese (*12.4.1895 in Köln): Promotion zum Dr. med. am 13.1.1922; Entziehung am 14.5.1941.

51. Schiefer, Jakob (Jack) (*16.4.1898 in Sinnersdorf; †29.1.1980 in Erkelenz): Diplomvolkswirt im Wintersemester 1931/32; mündliche Doktorprüfung am 18.5.1933; Entziehung des Diplomgrades am 21.10.1937 und Annullierung der Doktorprüfung am 11.12.1937; Aufhebung des Entziehungsbeschlusses und Vollzug der Promotion am 10.11.1946.

52. Schlesinger, Erich (*7.3.1901 in Hagen; †August 1979 in Düsseldorf): Promotion zum Dr. jur. am 25.7.1924; Entziehung am 24.1.1940.

53. Schmidt (geb. Hoeter), Irma (*2.1.1895 in Hannover): Promotion zum Dr. med. am 22.12.1921; Entziehung am 22.6.1942.

54. Schreckenberg, Josef (*19.5.1898 in Düsseldorf): Promotion zum Dr. rer. pol. am 25.11.1925; Entziehung am 29.9.1936.

55. Schüler, Berthold (*17.9.1887 in Düsseldorf): Promotion zum Dr. med. dent. am 11.2.1921; Entziehung am 6.6.1940.

56. Schütz, Georg (*30.5.1882 in Mayen): Promotion zum Dr. jur. am 15.7.1932; Entziehung am 16.4.1940; Aufhebung des Beschlusses durch Erlass des nordrhein-westfälischen Kultusministers vom 5.8.1953.

57. Selo, Herbert (*22.8.1898 in Düsseldorf): Promotion zum Dr. med. am 17.5.1923; Entziehung am 28.7.1938; Emigration in die USA 1938.

58. Simon (geb. Baumann), Klara Pauline Lotte (*20.6.1900 in Leipzig): Promotion zum Dr. phil. am 17.6.1929; Entziehung am 18.11.1938.

59. Simon, Wilhelm (Willy) Oskar (*14.2.1898 in Bonn): Promotion zum Dr. rer. pol. am 19.5.1926; Entziehung am 25.11.1940; Aufhebung des Beschlusses durch den Entziehungsausschuss am 23.2.1954.

60. Solzbacher, Wilhelm (*1.2.1907 in Honnef/Rhein; †27.12.1991): Promotion zum Dr. rer. pol. am 27.2.1931; Entziehung am 6.11.1939; Aufhebung des Beschlusses durch den Entziehungsausschuss am 23.2.1954.

61. Spanier, Albert (*26.12.1903 in Frankfurt/Main): Diplomkaufmann 24.7.1925; Promotion zum Dr. rer. pol. am 25.2.1926; Entziehung am 13.6.1939; Aufhebung des Beschlusses durch den Entziehungsausschuss am 23.2.1954.

62. Stein, Hans (Ludwig) (*7.12.1894 in Köln; †3.7.1941 in Harrowgate, England): Promotion zum Dr. rer. pol. am 1.6.1921; Entziehung des Doktorgrades am 2.2.1939; Aufhebung des Beschlusses durch den Entziehungsausschuss am 23.2.1954.

63. Stern, Friedrich Siegfried (*7.3.1899 in Schwerte): Promotion zum Dr. med. am 21.12.1923; Entziehung am 20.12.1939.

64. Teutenberg, Theo (*25.7.1904 in Köln): Diplomkaufmann 2.2.1926; Promotion zum Dr. rer. pol. am 25.7.1928; Entziehung von Diplom- und Doktorgrad am 27.4.1942; Wiederverleihung des Diplomkaufmannsgrades am 24.4.1944 auf dem Gnadenwege.

65. Werr, Friedrich Otto Heinrich Franz (*17.7.1905 in München): Promotion zum Dr. jur. am 8.2.1935; Entziehung am 13.8.1937; Aufhebung des Entziehungsbeschlusses 1960.

In folgenden Fällen konnte nicht geklärt werden, ob der Doktorgrad tatsächlich entzogen wurde:

66. EDELSTEIN, Paul (*5.6.1891 in Dortmund): Promotion zum Dr. med. am 19.7.1921.
67. FALK, Ernst (*26.8.1901 in Köln; †1978): Promotion zum Dr. jur. am 29.7.1924; Emigration nach Brüssel, lebte dort noch 1945.
68. JACOBSON, Paul (*31.10.1895 in Hagen): Promotion zum Dr: med. am 10.2.1922; befand sich 1941 in Amsterdam; Antrag auf Ausbürgerung durch die Gestapo Köln

In zwei weiteren Fällen wurde bei ansonsten erfolgreich erbrachten Leistungen die nach der Promotionsordnung vorgeschriebene Drucklegung der Dissertation nachweislich verzögert oder verhindert:

69. SCHLESINGER (geb. BRAUER), Lotte (*17.2.1901 in Breslau): Die Veröffentlichung ihrer Dissertation „Die wichtigsten jüdischen Zeitungen in Deutschland in der Zeit vom November 1918 bis Januar 1933" galt als politisch unerwünscht. Die Exemplare wurden von der Gestapo beschlagnahmt.
70. STÖCKER, Hans (*1.12.1906 in Berlin): Die Drucklegung seiner Dissertation „Nivard Krämer: Sein Leben und Wirken als Journalist im Großherzogtum Berg, vornehmlich am ‚Echo der Berge' in Düsseldorf" galt als unerwünscht und wurde durch Erlass des Reichserziehungsministeriums vom 28.3.1940 nicht genehmigt. Stöcker erhielt jedoch seine Promotionsurkunde aufgrund der eingereichten maschinenschriftlichen Exemplare.

Aufgrund der im Einzelnen lückenhaften Quellenlage müssen diese Listen offen bleiben. Sie erheben nicht den Anspruch auf Vollständigkeit. Leserinnen und Leser bleiben aufgefordert, sie zu ergänzen.

Die Quellennachweise zu den einzelnen Personen befinden sich am Ende der Publikation im Archivalienverzeichnis.

Vorwort

Auch die 1919 wiederbegründete Kölner Universität blieb vom Nationalsozialismus nicht unberührt. Nach langen Jahren des „kollektiven Beschweigens“ (Hermann Lübbe) hat erstmals Frank Golczewski dies mit seiner Studie über die Kölner Professoren 1988 deutlich gemacht.[1] Hochschullehrer waren schikaniert und aus dem Amt gedrängt, in zwei Fällen sogar im KZ umgebracht worden: Zwei „Stolpersteine“ des Kölner Künstlers Gunter Demnig erinnern heute vor dem Hauptgebäude an Benedikt Schmittmann und Goswin Frenken.[2] Dass unter dem Schein der Legalität auch jüdische Studierende diskriminiert und gedemütigt wurden, dass man aus politischen und rassistischen Gründen rechtmäßig erworbene Grade entzog und die Betroffenen damit aus der akademischen Gemeinschaft ausstieß, wurde erst in den letzten Jahren in das Gedächtnis vieler Hochschulen zurückgerufen. Nach Marburg, Freiburg, Leipzig, Bonn, Münster, Tübingen, Berlin, Göttingen und Wien legt nun die Universität zu Köln Zeugnis ab von dem Unrecht, das sie während des Nationalsozialismus begangen hat, indem sie als Handlangerin des Regimes regulär erworbene akademische Doktor- und Diplomgrade aberkannte. Nach dem Ende der Diktatur stellte die Universität sie in Einzelfällen auf Antrag wieder her. Eine weitergehende Aufarbeitung unterblieb jedoch.

Wenn nun eine Liste der Personen vorgelegt werden kann, denen zwischen 1933 und 1945 der Diplom- oder Doktorgrad an der Universität Köln aberkannt wurde, so ist dies den TeilnehmerInnen des Hauptseminars „Die Universität Köln im Nationalsozialismus“ zu danken, die im Wintersemester 2003/04 mit Unterstützung des Universitätsarchivs die einschlägigen Quellen zusammengetragen und durchgearbeitet haben. Über die Lebensschicksale zahlreicher Personen konnten weitere Informationen ermittelt werden. Darunter befinden sich Wissenschaftler von internationalem Format, die nach dem Krieg einen bedeutenden Platz in der deutschen Wissen-

---

1 *Frank Golczewski:* Kölner Universitätslehrer und der Nationalsozialismus (Studien zur Geschichte der Universität zu Köln 8). Köln/Wien 1988; ders.: Jüdische Hochschullehrer an der neuen Universität Köln vor dem Zweiten Weltkrieg. In: Jutta Kollwitz u. a. (Hg.): Köln und das rheinische Judentum. Festschrift Germania Judaica 1959–1984. Köln 1984.

2 *Kirsten Serup-Bilfeldt:* Stolpersteine – Vergessene Namen, verwehte Spuren. Wegweiser zu Kölner Schicksalen in der NS-Zeit. Köln 2003, S. 103–114.

schaftslandschaft einnahmen. Die Mehrzahl der Betroffenen gehört jedoch den historisch bislang „Namenlosen" an. Ihr Schicksal den Akten zu entreißen, ihre Namen ins Gedächtnis zurückzurufen und sie auf diese Weise symbolisch in die akademische Gemeinschaft zurückzuholen, war Ziel des Seminars, das mit Wissen und ausdrücklicher Unterstützung des damaligen Rektors Tassilo Küpper durchgeführt wurde.

Im Zuge der Recherchen und bei der Diskussion der Befunde stellte sich die naheliegende Frage, inwieweit die Beschlüsse über die Entziehung eines akademischen Grades aus der Zeit vor 1945 heute noch Gültigkeit haben können. Das Projekt wie auch die Universität haben sich dafür entschieden, nicht nur die Ergebnisse des Forschungsvorhabens vorzustellen, sondern - mit Ausnahme von Plagiats- und Täuschungsfällen - die Aberkennung aller während des „Dritten Reichs" entzogenen akademischen Titel unabhängig von ihrem Entziehungsgrund für nichtig zu erklären. Ausgerechnet die Nationalsozialisten, welche die Würde von Millionen Menschen missachteten und ihnen Tod und Vernichtung brachten, verankerten das Kriterium der „Würdigkeit" bei der Führung akademischer Grade im Gesetz und maßten sich an, von ihnen bestimmten „Unwürdigen" den Titel zu entziehen. Dies wollen und können wir nicht akzeptieren. Der feierliche Akt der Universität zu Köln erreicht die Betroffenen nicht mehr, doch ist er für die Universität selbst um so bedeutsamer: Am 60. Jahrestag ihrer Wiedereröffnung nach dem Zweiten Weltkrieg bekennt sie sich zu ihrer Verantwortung.

Ein besonderer Dank gebührt den TeilnehmerInnen des Hauptseminars, die mit Fleiß und Engagement, guten Ideen und Gesprächsbereitschaft das Projekt durchgeführt und maßgeblich gefördert haben:

Stefanie Beer
Claudia Bianchi
Stefan Biber
Markus Bongardt
Katharina Brecke
Anne Burgmer
Silke Dombrowe
Birgit Dung
Katja Durschang
Robert Fuchs
Martin Glaßner
Raphaela Häuser
Katharina Hübbel
Wilm Huygen
Frank Jablonski
Elke Kochann
Barbara Manthe
Alexandra Müller
Julia Müller
Kirsten Nähle
Janos Neumann
Anika Risse
Anna Ruhland
Markus Struben
Raymond Twiesselmann
Clara Walther
Andrea Wiehager
Ute Zimmermann

Gedankt sei an dieser Stelle auch Klaus Luig (Köln) und Ellen Babendreyer (Bonn), die dieser Veröffentlichung Ergebnisse aus ihren eigenen Forschungen zur Verfügung gestellt haben. Dank schulden wir ferner Kerstin Theis, die maßgeblichen Anteil an der redaktionellen Betreuung der Publikation und an der Realisierung der begleitenden Ausstellung hatte.

Margit Szöllösi-Janze

Andreas Freitäger

Köln, 12. Dezember 2005

I Das Kölner Forschungsprojekt: ein Problemaufriss

Im Jahre 2003 erschien im Aufbau-Verlag in Berlin ein Lesebuch unter dem Titel „Sie durften nicht mehr Deutsche sein“. Die Herausgeber zogen für die dort gebotene Textauswahl einen Bestand von Erinnerungen jüdischer EmigrantInnen in der Houghton Library der amerikanischen Harvard University heran, die auf ein Preisausschreiben der Hochschule vom Frühjahr 1940 zurückgingen.[3] Die Verdrängung von Studierenden und AbsolventInnen aus Universität und akademischer Gemeinschaft wird nur am Rande im Zusammenhang mit der Kontingentierung der jüdischen SchülerInnen und Studierenden an den staatlichen Bildungseinrichtungen erwähnt. Die Entziehung von Doktor- und Diplomgraden nach der Emigration ist in der Auswahl wohl deshalb nicht berücksichtigt, weil es sich im Vergleich zu den übrigen Drangsalierungen um eine scheinbar marginale Erscheinung handelte. Dennoch kann man feststellen, dass sie wie in einem Brennglas zentrale Aspekte der nationalsozialistischen Diskriminierung und Verfolgung an den Universitäten erfasst.

Verleihung und Entziehung akademischer Grade vor 1933

Es gehört seit dem Mittelalter zum Kernbestand der universitären Freiheit, nach Abschluss eines regulären Studiums durch die entsprechenden Prüfungen akademische Grade und damit verbundene Würden zu erteilen.[4] Im Zuge der Intensivierung staatlichen Einflusses auf die Hochschulen fiel seit dem 19. Jahrhundert auch das Graduierungsrecht unter die Regulierung des Staates: Eine Hochschule bedurfte - und bedarf bis heute - einer staatlichen Ermächtigung, um wissenschaftliche Grade, vor allem die Dok-

---

[3] *Margarete Limberg/Hubert Rübsaat (Hg.):* Sie durften nicht mehr Deutsche sein. Jüdischer Alltag in Selbstzeugnissen 1933–1938. Berlin 2003.

[4] *Ernst E. Hirsch:* Über akademische Grade und Würden. In: Deutsche Universitätszeitung 18 (1963), H. 5, S. 10–18. Einen Querschnitt der neueren Forschung zu Graduierungen in der Frühmoderne gibt *Rainer A. Müller:* Promotionen und Promotionswesen an deutschen Hochschulen der Frühmoderne (Abhandlungen zum Studenten- und Hochschulwesen 10). Köln 2001.

torwürde, verleihen zu dürfen. In ihrem Rahmen gestalten die Hochschulen dieses Recht in eigener Verantwortlichkeit aus.[5]

Die Verleihung des Doktorgrades setzt seit dem 19. Jahrhundert die Ablieferung einer vom Kandidaten verfassten wissenschaftlichen Abhandlung (Dissertation, Doktorarbeit) und eine mündliche Prüfung (Examen rigorosum oder Disputation) voraus. Wird in einem Prüfungsteil getäuscht, kann das Verfahren für nicht bestanden erklärt oder – nach bereits erfolgter Promotion – der Doktortitel zurückgenommen werden.

Ein derartiger Fall ist aus der Frühzeit der Kölner Universität bekannt: In der Sitzung vom 23.6.1924 entschied die Wirtschafts- und Sozialwissenschaftliche Fakultät: *„Dem früheren Studierenden Wilhelm Hammecke wird die Berechtigung zur Führung des Titels eines Dr. rer. pol. aberkannt, weil er seine Dissertation abgeschrieben hat. Dieser Beschluß ist durch Anschlag am schwarzen Brett bekanntzumachen."*[6] Dies war notwendig geworden, weil die Promotionsordnung der Fakultät in der damals gültigen Fassung von 1919 keine Regelungen für einen solchen Fall enthielt; auch die kurz danach von der preußischen Staatsregierung erlassene „Verordnung über die Führung akademischer Grade" vom 30.9.1924[7] berührte nur die Nostrifizierung ausländischer Titel. Als unmittelbare Folge des Falles Hammecke wurde bei der nächsten Fassung der Promotionsordnung der Wirtschafts- und Sozialwissenschaftlichen Fakultät im Jahre 1926 die Möglichkeit eingefügt, bei nachträglich festgestellten „schweren Verfehlungen gegen die Promotionsbestimmungen" den Doktorgrad durch die Fakultät abzuerkennen.

Anders bestimmte die Medizinische Fakultät schon in ihrer ersten Promotionsordnung von 1919/20: *„§ 18: Die Doktorwürde geht dauernd verloren: 1. wenn die nach § 6 abgegebene eidesstattliche Versicherung sich nachträglich als unrichtig erweist; 2. wenn dem Besitzer durch rechtskräftig gewordene Verurteilung die bürgerlichen Ehrenrechte aberkannt werden. In beiden Fällen zieht die Fakultät durch öffentliche Bekanntmachung am Schwarzen Brett das Diplom zurück."*

---

[5] Vgl. im Überblick *Hartmut Maurer*: Promotion. In: Handbuch des Wissenschaftsrechts. Hg. von Christian Flämig u. a., Bd. 1. Berlin u. a. ²1996, S. 753–777; *Ulrich Karpen:* Akademische Grade, Titel, Würden. In: ebenda, S. 795–810.

[6] UAK, Zug. 306/1, S. 293.

[7] Preußische Gesetzessammlung 1924, S. 605.

Hintergrund für die größere Aufmerksamkeit der Medizinischen Fakultät, eine derartige Regelung zu treffen, war die strafrechtliche Verfolgung von Abtreibungen. Bereits vor 1933 konnte ein akademischer Grad nach einem Gerichtsurteil aberkannt werden, das neben der Bestrafung der Tat zusätzlich auch die Entziehung der bürgerlichen Ehrenrechte nach § 33 RStGB verfügte. Dies war nur bei schweren Straftaten der Fall, wozu die Abtreibung zählte. Weniger schwerwiegende Tatbestände hatten dagegen keine Auswirkungen auf den Doktortitel.[8] Daran anknüpfend, entbrannte bereits in der Weimarer Zeit eine lebhafte Diskussion über das Kriterium der „Würdigkeit", an welche die Verleihung des Doktortitels im Sinne einer „Doktorwürde" geknüpft sei. Anlass war der Fall einer 1925 wegen Abtreibung verurteilten Ärztin. 1930 sah eine Promotionsordnung der Universität Heidelberg erstmals „Unwürdigkeit" als Entziehungsgrund vor.[9]

Entziehung akademischer Grade nach 1933

Nach der Machtübernahme der Nationalsozialisten änderte sich die rechtliche Situation grundlegend. Das „Gesetz über den Widerruf von Einbürgerungen und die Aberkennung der deutschen Staatsangehörigkeit" vom 14.7.1933[10] sah erstens den Widerruf von Einbürgerungen vor, die in der Weimarer Zeit erfolgt waren und nun „nicht als erwünscht" galten (§ 1). Zweitens stellte es die Rechtsgrundlage für die Mehrzahl der Doktorgradentziehungen im Nationalsozialismus dar, indem es bestimmte, dass Reichsangehörigen, die sich im Ausland aufhielten, die deutsche Staatsbürgerschaft entzogen werden konnte, „sofern sie durch ein Verhalten, das gegen die Pflicht zur Treue gegen Reich und Volk verstößt, die deutschen Belange geschädigt haben" (§ 2). Eine am 26.7.1933 erlassene Durchführungsverordnung[11] erklärte die Treuepflicht für verletzt, wenn deutsche Staatsbürger im Ausland „der feindseligen Propaganda Vorschub" leisteten oder „das

---

[8] *Werner Moritz:* Die Aberkennung des Doktortitels an der Universität Heidelberg während der NS-Zeit. In: Zwischen Wissenschaft und Politik. Studien zur deutschen Universitätsgeschichte. Festschrift für Eike Wolgast zum 65. Geburtstag. Hg. von Armin Kohnle und Frank Engehausen. Stuttgart 2001, S. 540–562, hier S. 540.

[9] *Rita Wichardt:* Verleihung und Entziehung des Doktorgrades. Diss. Kiel 1976, S. 212.

[10] RGBl. I, S. 480.

[11] RGBl. I, S. 538.

deutsche Ansehen oder die Maßnahmen der nationalen Regierung" herabwürdigten. Im Fokus der Bestimmung standen also zunächst Personen, die aus politischen Gründen emigriert waren. Später kamen dann solche hinzu, die aufgrund der fortgesetzten Drangsalierung und Verfolgung aus so genannten „rassischen" Gründen das Land verließen. Bis zum Beginn des Zweiten Weltkriegs verließen rund 30.000 Männer und Frauen den Machtbereich des Deutschen Reiches aus politischen Gründen. Die Zahl der jüdischen EmigrantInnen betrug bis zu diesem Zeitpunkt 250.000 bis 270.000.[12]

---

[12] *Wolfgang Benz:* Die jüdische Emigration. In: Handbuch der deutschsprachigen Emigration 1933–1945. Hg. von Claus-Dieter Krohn u. a. Darmstadt 1998, Sp. 5–16, hier 6; *Werner Röder:* Die politische Emigration. In: ebenda, Sp. 16–30, hier 23.

Die Initiative, im Falle von Akademikern die Entziehung der deutschen Staatsangehörigkeit mit der Aberkennung des Doktortitels zu koppeln, kam offenbar von ‚unten' aus der Studierendenschaft. Der Kreisleiter der Deutschen Studentenschaft in Bayern wandte sich im September 1933 schriftlich mit einem entsprechenden Antrag an den Bayerischen Kultusminister.

Die Deutsche Studentenschaft Kreis Bayern,
Der Kreisleiter

München den, 18. September 1933

Sehr geehrter Herr Staatsminister!

Bei der kürzlich durch die Presse gegangenen Veröffentlichung der Namen der im Ausland weilenden Landesverräter, denen die deutsche Staatsangehörigkeit entzogen worden ist, fällt die große Anzahl von Doktoren auf.
Nach den Promotionsordnungen der deutschen Universitäten besteht durchaus die Möglichkeit die Doktorwürde bei Verlust der bürgerlichen Ehrenrechte durch den Träger derselben und ihn ähnlichen für die Verleihung der Doktorwürde kompromittierenden Fällen zu entziehen. Die Studentenschaft stellt deshalb den Antrag, in einem Rundschreiben an die bayerischen Hochschulen diese anzuweisen, von diesem Recht der Entziehung der Dr.-Würde bei den der deutschen Staatsangehörigkeit verlustig erklärten Verrätern grundsätzlich Gebrauch zu machen, Weiterhin bittet die Deutsche Studentenschaft, dieses Rundschreiben an die bayerischen Hochschulen den Hochschulreferenten der anderen Länder mit der Bitte um gleichgerichtete Maßnahmen zugehen zu lassen.
Eine Begründung des Antrags der Studentenschaft ist wohl überflüssig.

Heil Hitler!
Der Leiter des Kreises Bayern
Deutsche Studentenschaft
gez. Karl Gegenbach
(L.S.)

Quelle: UAK, Zug. 9/378

Das bayerische Staatsministerium griff diesen Vorstoß Anfang Oktober auf und machte deutlich, dass in seiner Sicht „Personen, denen unter diesen Voraussetzungen ihre Reichsangehörigkeit aberkannt worden ist, auch nicht würdig sind, den Doktortitel einer deutschen Hochschule zu führen".

Abschrift:

Der Preussische Minister für Wissenschaft, Kunst und Volksbildung

Berlin, den 17.Juli 1934
Postfach.

U I Nr. 1576

Bei der Durchführung meines Runderlasses vom 2. November 1933 U I 2494 - hat sich herausgestellt, dass die Promotionsordnungen bisher entweder Bestimmungen über eine Entziehung des Doktorgrades überhaupt nicht enthalten oder aber die Entziehung von so engen Voraussetzungen abhängig machen, dass auch in solchen Fällen, in denen der Inhaber eines Doktortitels sich durch sein Verhalten als der Doktorwürde unwürdig erweist und eine Entziehung des Doktortitels dringend wünschenswert erscheint, eine solche Entziehung nicht möglich ist.

Es wird in den Promotionsordnungen, soweit darüber überhaupt Vorschriften vorhanden sind, die Entziehung des Doktortitels in der Regel davon abhängig gemacht, dass der Inhaber desselben durch rechtskräftiges Urteil der bürgerlichen Ehrenrechte für verlustig erklärt worden ist. Die Gerichte sprechen aber nur in den seltensten Fällen den Verlust der bürgerlichen Ehrenrechte aus, sodass also bisher auch die Verurteilung zu mehrjährigen Gefängnisstrafen auf Grund schwerer Verfehlungen als Voraussetzung für die Entziehung des Doktortitels oft nicht ausreichte. Es sind ferner Fälle denkbar und auch vorgekommen, in denen das Verhalten der Promovierten zwar ohne strafrechtliche Bedeutung war, eine strafrechtliche Verurteilung also nicht erfolgen konnte, trotzdem aber das Verhalten des Promovierten erkennen liess, dass er in keiner Weise würdig war, den Doktortitel einer deutschen Hochschule zu führen (deutschfeindliche Betätigung im Ausland, Teilnahme an der Greuelpropaganda usw.). Gerade in letzteren Fällen war bisher eine Entziehung des Doktortitels überhaupt nicht möglich.

Es erscheint notwendig, in Zukunft den Fakultäten die Möglichkeit zu geben, in allen Fällen, in denen dies wünschenswert sein wird, den Doktortitel zu entziehen und hierbei die Voraussetzungen für die Entziehung sowie das einzuschlagende Verfahren für alle Fakultäten gleichmässig zu gestalten. Ich ersuche daher, in sämtlichen Promotionsordungen unter Streichung der bisher über die Entziehung des Doktortitels enthaltenen Einzelbestimmungen folgende allgemeine Bestimmungen einzufügen: „Die Doktorwürde kann wieder entzogen werden:

a) wenn sich herausstellt, dass der Inhaber des Titels die Doktorwürde unter Täuschung der Fakultät erworben hat. Als solche Täuschung kommen insbesondere in Betracht: Fälschung der Reifezeugnisse oder der Studienzeugnisse, Abgabe einer falschen eidesstattlichen Versicherung über die selbständige Anfertigung der Dissertation oder Verschweigung erheblicher Vorstrafen.
b) wenn der Inhaber des Titels sich durch sein Verhalten des Tragens einer deutschen akademischen Würde unwürdig erweist. Über die Entziehung entscheidet ein aus dem Rektor und den Dekanen zusammengesetzter Ausschuss. Soweit es tunlich erscheint, ist dem Inhaber des Titels vor der Beschlussfassung des Ausschusses Gelegenheit zur Äusserung zu geben.

Gegen die getroffene Entscheidung steht den Betroffenen innerhalb eines Monats die Beschwerde an den Preussischen Minister für Wissenschaft, Kunst und Volksbildung zu.

Die Bestimmungen sind entsprechend auf Ehrenpromotionen anwendbar.

Entsprechende Vorschriften sind in die Satzungen über die Ehrenbürger und Ehrensenatoren der Hochschulen aufzunehmen.

Der deutschen Doktorwürde erweist sich in jedem Falle auch als unwürdig, wer gemäss § 2 des Reichsgesetzes über den Widerruf von Einbürgerungen und die Aberkennung der deutschen Staatsangehörigkeit vom 14. Juli 1933 (RGBl.I.S.480) der deutschen Staatsangehörigkeit für verlustig erklärt worden ist. Es bedarf daher besonderer Bestimmungen hierüber in den Promotionsordnungen nicht. Der Runderlass vom 2. November 1933 - U I 2494 - wird hiermit aufgehoben. Die auf Grund dieses Runderlasses eingereichten Berichte sind als erledigt anzusehen.

Die hiernach beschlossenen Änderungen der Promotionsordnungen sind mir vorzulegen.

In Vertretung
Gez. Dr. S t u c k a r t.

Kuratorium der Universität
Sr.Magnifizenz dem Rektor der Universität, Herrn Prof.Dr.Geldmacher mit der Bitte um Kenntnisnahme. Die 4 Dekane haben gleiche Abschrift zur weiteren Veranlassung erhalten.

Köln, den 28.7.1934 I.A. gez. Wersdörfer.

Quelle: UAK, Zug. 28/568

Seite 22 und 23: Richtlinien des Reichserziehungsministers für die Entziehung von Doktorgraden wegen „Unwürdigkeit“ vom 17.7.1934

Abschrift!

Der Reichs- und Preussische Minister Berlin, den 13. 4. 1935
für Wissenschaft, Erziehung
und Volksbildung
W I a 603/35. M.1

Durch Erlass vom 17. Juli 1934 - U I 1576 - habe ich die Hochschulen ermächtigt, die Doktorwürde aus den dort angeführten Gründen zu entziehen.

Diese Bestimmunge dehne ich hiermit auf die übrigen akademischen Grade (Diplom-Ingenieur,Diplom-Volkswirtusw.) aus mit der Massgabe, dass über die Entziehung der zuständige Prüfungsausschuss Entscheidung trifft.

Über die Entziehung des"Dr.habil." entscheidet der Rektor nach Anhören des Senates.

Gegen die Entscheidung über die Entziehung eines akademischen Grades ist innerhalb eines Monats hach Zustellung des Bescheides die Beschwerde an den Reichs- und Preussischen Minister für Wissenschaft, Erziehung und Volksbildung zulässig.

Jede Entziehung eines akademischen Grades, auch der Doktorwürde, ist mir unter Bezeichnung der Gründe anzuzeigen; Name, Vorname, Geburtsdatum und Geburtsort des Betroffenen sowie Zeitpunkt der Erwerbung des Grades sind dabei zu vermerken.

Die Prüfungsordnungen werden hierdurch entsprechend geändert.

Die Entziehungsvorschrift ist auch auf diejenigen akademischen Grade anwendbar, die vor Erscheinen dieses Erlasses erworben worden sind.

gez. R u s t.

An pp.
das Universitätskuratorium K ö l n
d.d.Herrn Ataatskommissar.

Quelle: UAK, Zug. 28/568

Ermächtigung des Reichserziehungsministers zur Ausweitung der Entziehung auf Diplomgrade vom 13.04.1935

Es forderte die Universitäten aller deutschen Länder dazu auf, ihre Promotionsordnungen entsprechend zu ändern.[13] Der preußische Kultusminister, der im Zuge der Gleichschaltung weisunggebend für das gesamte Reichsgebiet geworden war, benannte schließlich in seinen Erlassen vom 13.1. und 17.7.1934 die genauen, in die Promotionsordnungen zu übernehmenden Formulierungen *(siehe S. 22 f.)*. Demnach konnte die Fakultät eine Promotion nicht nur im Falle der Täuschung widerrufen, sondern auch einen rechtmäßig erworbenen Doktorgrad wieder entziehen, und zwar sowohl bei Aberkennung der deutschen Staatsangehörigkeit als auch nach einer gerichtlichen Verurteilung „wegen ehrenrühriger strafbarer Handlung". Im Folgejahr, mit Erlass vom 13.4.1935, wurde die Bestimmung auf die übrigen akademischen Titel, d. h. auch auf die Diplom-Grade, ausgedehnt *(siehe S. 24)*.[14] Allerdings setzten die Universitäten diese Kann-Vorschriften zunächst nur zögerlich und uneinheitlich um.[15]

Es sollte teilweise etliche Jahre dauern, bis die Fakultäten ihre Promotionsordnungen entsprechend geändert hatten. Noch im Februar 1936 sah sich der Reichserziehungsminister veranlasst, deren flächendeckende Änderung anzumahnen.[16] Die Nürnberger Gesetze vom 15.9.1935 hatten inzwischen eine zusätzliche rechtliche Problematik aufgeworfen, die gerade im Olympiajahr 1936 politisch nicht erwünscht sein konnte. Das „Reichsbürgergesetz" unterschied zwischen der den sogenannten „Ariern" vorbehaltenen Reichsbürgerschaft und bloßen „Staatsangehörigen", wodurch Juden zu Bürgern minderen Rechts degradiert wurden. Auch regelte das Gesetz verbindlich die Frage, wer überhaupt als Jude zu gelten hatte. Vor diesem Hintergrund bemühte sich der Reichserziehungsminister nun darum, die politische Stoßrichtung der Doktorgradentziehung zu unterstreichen: Wem gemäß § 2 des Gesetzes vom Juli 1933 die deutsche Staatsangehörigkeit aberkannt worden sei, der sei „in jedem Falle" eines deutschen Doktorgrades „unwürdig". Aus der Kann- war somit eine Muss-Bestimmung geworden.

---

[13] Zitiert nach *Moritz,* S. 541f.

[14] UAK, Zug. 28/568.

[15] *Margret Lemberg:* „ ... eines deutschen akademischen Grades unwürdig". Die Entziehung des Doktortitels an der Philipps-Universität Marburg 1933–1945 (Schriften der Universitätsbibliothek Marburg 113). Marburg 2002, S. 16, 18; vgl. auch *Moritz,* S. 542.

[16] Im Wortlaut bei *Lemberg,* S. 19.

Als „unwürdig“ könne jedoch nicht schon derjenige gelten, dessen Einbürgerung nach § 1 desselben Gesetzes „lediglich aus rassischen Gründen“ widerrufen worden sei. Auch rechtfertige, so der Minister weiter in Anspielung auf die Nürnberger Gesetze, allein die Tatsache der jüdischen Abstammung noch nicht die Entziehung des Doktortitels. Bei dieser Regelung sollte es grundsätzlich bleiben, wenngleich von nun an alles darangesetzt wurde, Juden vom Erwerb der Doktorwürde fernzuhalten. Seit April 1937 wurden sie nicht mehr zum Rigorosum zugelassen, d. h., sie konnten trotz erbrachter wissenschaftlicher Leistung in ihrer Dissertation die Prüfung nicht ablegen und daher auch den Titel nicht führen. Dieselbe Regelung galt auch für KandidatInnen mit einem jüdischen Ehepartner.[17] Sie war damit nur eine in einer Vielzahl diskriminierender Maßnahmen gegen jüdische AkademikerInnen bzw. Dozenten und Professoren im Besonderen seit 1933: die Begrenzung der Zahl jüdischer Studierender auf 1,5% (1933), die Entlassung jüdischer Dozenten aus dem Staatsdienst (1933), Streichung der Versorgungsbezüge aller entlassenen Dozenten mit weniger als zehn Dienstjahren, das Verbot der Habilitation (1933), der Entzug der Lehrbefugnis für jüdische Professoren (1936), das vollständige Immatrikulationsverbot für jüdische Studierende (1938), das Verbot der Benutzung von Archiven (1938) und Bibliotheken (1941) durch Juden.

Ergänzung und Abschluss der gesetzlichen Grundlagen für die Entziehung akademischer Grade bildete das „Gesetz über die Führung akademischer Grade“ (vor allem § 4) vom 7.6.1939, das erstmals eine reichseinheitliche Regelung bedeutete *(siehe Abb. S. 27)*.[18]

Nach dem Wortlaut des Gesetzes konnte ein akademischer Grad außer bei Täuschung, Fälschung oder Erschleichung des Titels nun generell auch wegen „Unwürdigkeit“ entzogen werden. Unter diesen dehnbaren Begriff fielen in der Praxis sowohl ausgebürgerte EmigrantInnen als auch Personen, die aufgrund einer schweren Straftat rechtskräftig verurteilt wurden. War damit als Nebenstrafe der Verlust der bürgerlichen Ehrenrechte verbunden, führte dies bereits laut einem Erlass von 1937 zum sofortigen

---

[17] Vgl. die Promotionsordnung der Wirtschafts- und Sozialwissenschaftlichen Fakultät der Universität Köln, 1.4.1938.

[18] RGBl. I, S. 985.

§ 4

(1) Der von einer deutschen staatlichen Hochschule verliehene akademische Grad kann wieder entzogen werden,

a) wenn sich nachträglich herausstellt, daß er durch Täuschung erworben worden ist, oder wenn wesentliche Voraussetzungen für die Verleihung irrigerweise als gegeben angenommen worden sind,

b) wenn sich nachträglich herausstellt, daß der Inhaber der Verleihung eines akademischen Grades unwürdig war,

c) wenn sich der Inhaber durch sein späteres Verhalten der Führung eines akademischen Grades unwürdig erwiesen hat.

Über die Entziehung entscheidet diejenige Hochschule, die den akademischen Grad verliehen hat.

(2) Gegen die Entscheidung der Hochschule (Abs. 1) steht dem Betroffenen innerhalb eines Monats nach Zustellung die Beschwerde an den Reichsminister für Wissenschaft, Erziehung und Volksbildung zu. Die Beschwerde hat keine aufschiebende Wirkung.

Quelle: Reichsgesetzblatt I S.985

Gesetz über die Führung akademischer Grade vom 7.6.1939, Ausschnitt des Paragraphen 4

Verlust aller akademischen Grade.[19] Wurden die bürgerlichen Ehrenrechte nicht entzogen, eröffnete sich den Universitäten ein gewisser Handlungsspielraum: Sie konnten den Doktorgrad entziehen, aber sie mussten dies nicht tun. Allerdings dominierte generell die freiwillige Selbstanpassung: „Nach Einführung der Meldepflicht in allen Strafsachen auch ohne Verlust der bürgerlichen Ehrenrechte entwickelte die Universität eigene Routinen der Titelaberkennung in gefügiger Selbstverantwortung." Statt Freiräume zu Gunsten ehemaliger Doktoranden zu nutzen, so Bernd Weisbrod, mu-

[19] UAK, Zug. 70/481.

tierte die Titelaberkennung im Nationalsozialismus häufig „zu einem Gesinnungstest der universitären Selbstreinigung“[20].

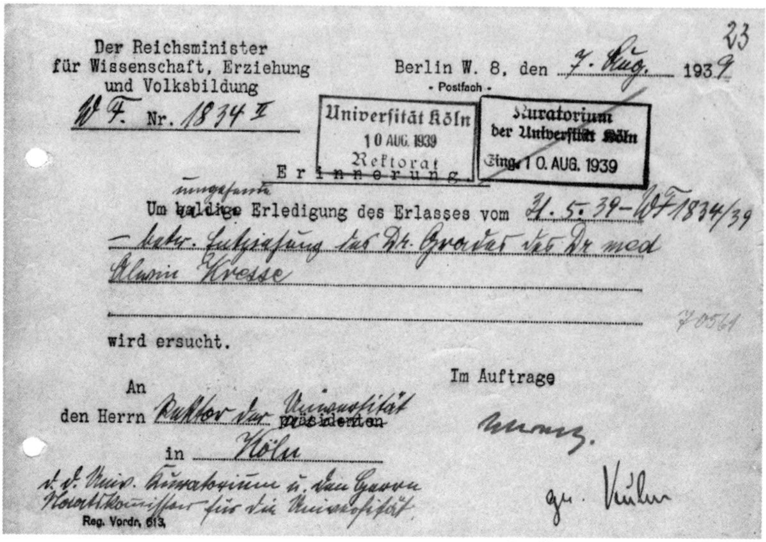
Der Reichsminister
für Wissenschaft, Erziehung
und Volksbildung

WF. Nr. 1834 II

Berlin W. 8, den 7. Aug. 1939
- Postfach -

Universität Köln
10 AUG. 1939
Rektorat

Kuratorium
der Universität Köln
Eing. 10. AUG. 1939

Erinnerung.

Um baldige Erledigung des Erlasses vom 31. 5. 39 – WF 1834/39
– betr. Entziehung des Dr. Grades des Dr. med
Alwin Kresse

wird ersucht.

An
den Herrn Rektor der Universität
in Köln

Im Auftrage

gez. Kühn

Reg. Vordr. 613

Quelle: UAK, Zug. 386/318

Die Erste Durchführungsverordnung des Gesetzes vom 21.7.1939[21] wies das Verfahren der Doktorgradentziehung einem aus Rektor und den Dekanen bestehenden Ausschuss zu (§ 3 Abs. 1). Das Procedere lief im Falle einer Ausbürgerung wie folgt ab: Auf dem Dienstweg informierte das zuständige Reichsministerium des Innern das Reichserziehungsministerium und dieses dann die Universität, an der die oder der Betroffene promoviert hatte, über die erfolgte Ausbürgerung.

---

20 *Bernd Weisbrod*: „... des Tragens eines deutschen akademischen Grades unwürdig“. Die Aberkennung von Doktortiteln an der Georg-August-Universität im „Dritten Reich“. Einführungsrede zur Ausstellungseröffnung in der Niedersächsischen Staats- und Universitätsbibliothek Göttingen, 29.10.2004. In: www.sub.uni-goettingen.de/archiv/ausstell/2004/doktor.html (acc. 15.2.2005).

21 RGBl. I, S. 1326. Entziehungsverfahren wurden in Köln von dem „Universitätsrichter“ bzw. „Universitätsrat“ genannten Rechtsbeistand des Rektors teilweise vorbereitet und stets durch gutachterliche Stellungnahme begleitet. Einzelne Schreiben des Universitätsrichters in Entziehungssachen finden sich in den Akten der Fakultäten bzw. des Rektorats. Im Bestand UAK, Zug. 386 (Universitätsrichter) finden sich dagegen nur Vorgänge aus der Zeit nach 1945.

Geheime Staatspolizei
Staatspolizeistelle Köln

Köln, den 29. Mai 1940
Appellhofplatz 22 / 25
Fernsprecher: Nr. 22 06 51

B.-Nr. II B -1343/40

An das Kuratorium der Universität Köln in Köln
Langmarckplatz

Betrifft: Aberkennung der deutschen Staatsangehörigkeit des Juden Dr. Paul Israel Jacobsohn, geb. 19.2.1898 zu Mocker bei Thorn.

Vorgang: Ohne.

Ich beabsichtige, J. auszubürgern. Wie mir die Deutsche Bücherei in Leipzig mitgeteilt hat, soll J. am 11.8.1922 an der medizinischen Fakultät in Köln promoviert haben. Ich bitte mir dies bestätigen zu wollen.

Im Auftrage:
gez. Brodesser

Beglaubigt: Schäfer [Unterschrift] Angestellte.
[Stempel Geheime Staatspolizei Köln]

[Aktenvermerk: „mit Bitte um Feststellung"]

Quelle: UAK, Zug. 28/569

Die Mitteilung war mit der Aufforderung verbunden, nun auch die erworbenen akademischen Grade zu entziehen. Da man im Allgemeinen zwar das Faktum der Promotion, meist aber nicht die Hochschule kannte, an welcher der Titel erworben worden war, wurden lange Listen mit den Namen der ausgebürgerten deutschen Staatsangehörigen im „Reichsanzeiger" veröffentlicht, die von den Hochschulen nun auf ehemalige DoktorandInnen zu überprüfen waren *(siehe Abb. S. 31)*.[22] Nach erfolgter Aberkennung stand der oder dem Betroffenen zwar die Möglichkeit offen, innerhalb eines Mo-

[22] Vgl. *Michael Hepp:* Die Ausbürgerung deutscher Staatsangehöriger 1933–1945 nach den im Reichsanzeiger veröffentlichten Listen. 3 Bde., München 1985, 1988.

nats beim Reichserziehungsminister Beschwerde einzulegen, doch hatte diese keine aufschiebende Wirkung. Die Beschlüsse wurden den Betroffenen persönlich, bei Emigrierten meist auf dem Wege des öffentlichen Aushangs, sowie als Rundschreiben an alle deutschen Universitäten zugestellt.

Der Reichsminister für Wissenschaft,
Erziehung und Volksbildung

Berlin, 19. Mai 1943

Betreff: Entziehung akademischer Grade von Ausgebürgerten.

Durch die Zweite Durchführungsordnung zum Gesetz über die Führung akademischer Grade vom 29. März 1943 - RGBl. I S. 168 - ist nunmehr bestimmt worden, dass mit der Aberkennung der deutschen Staatsangehörigkeit gemäss § 2 des Gesetzes vom 14. Juli 1933 - RGBl. I S. 480 - zugleich der Verlust der von einer deutschen staatlichen Hochschule verliehenen Grade eintritt, und dass dasselbe bei der Aberkennung der Protektoratsangehörigkeit gemäss § 1 der Verordnung vom 3. Oktober 1939 - RGBl. I S. 1997 - gilt. In solchen Fällen bedarf es künftig seitens der zuständigen Hochschule auch eines Feststellungsbeschlusses nicht, vielmehr genügt ein Vermerk hierüber in den Promotionsakten.

Der Reichsführer SS und
Chef der Deutschen Polizei
im Reichsministerium

An
1. die Unterrichtsverwaltungen der Länder mit Hochschulen
- ausser Preussen
[... etc.]

Quelle: UAK 28/568

Erst die Zweite Durchführungsverordnung des Gesetzes über die Führung akademischer Grade vom 29.3.1943[23] bestimmte, dass an die Aberkennung der deutschen Staatsangehörigkeit automatisch auch der Verlust der an einer deutschen Hochschule erworbenen akademischen Grade gekoppelt war. Damit reduzierte sich der Handlungsspielraum der Universitäten auf die Aberkennung von Ehrendoktortiteln und die Entziehung der Doktorwürde nach einer rechtskräftigen strafrechtlichen Verurteilung.

[23] RGBl. I, S. 168.

Der Reichs-und Preußische Minister für Wissenschaft, Erziehung und Volksbildung.
W F 264.

Berlin W 8, den 11. Februar 1938.
-Postfach-

Universität Köln
14. Febr. 1938
Rektorat

Entziehung der Doktorwürde von Ausgebürgerten.

Auf Grund des § 2 des Gesetzes über den Widerruf von Einbürgerungen und die Aberkennung der deutschen Staatsangehörigkeit vom 14.Juli 1933 - RGBl.I S.480 - sind folgende frühere Reichsangehörige, die Jnhaber eines deutschen akademischen Grades sind, der deutschen Staatsangehörigkeit für verlustig erklärt worden, weil sie durch ein Verhalten, das gegen die Pflicht zur Treue gegen Reich und Volk verstößt, die deutschen Belange geschädigt haben. Lt.Bekanntmachung im Deutschen Reichsanzeiger und Preuß. Staatsanzeiger:

a) Vom 25.August 1933 - Nr.198.

1. Dr. A p f e l , Alfred, geb.12.3.1882,
2. Dr. B r e i t s c h e i d , Rudolf, geb. 2.11.1874,
3. Dr. F o e r s t e r , Friedrich-Wilhelm, geb.2.6.1869,
4. Dr.K e r r , Alfred, geb. 25.12.1867,
5. Dr. T u c h o l s k i , Kurt, geb. 9.1.1890,
6. Dr. W e r t h a u e r , Johann, geb. 20.1.1866.

b) Vom 29.März 1934, Nr.75.

1. Dr. B r e t h o l z , Wolfgang, geb. 28.8.1904,
2. Dr. E i n s t e i n , Albert, Prof., geb.14.3.1879,
3. Dr. F r i e d l ä n d e r , Otto, geb. 5.5.1897,
4. Dr. H e r t z , Paul, geb. 23.6.1888,
5. Dr. J ä g e r , Adam, geb. 26.7.1884,
6. Dr. R o s e n f e l d , Kurt, geb. 1.2.1877,
7. Dr. S t i l g e b a u e r , Edward, geb. 19.9.1868.

c) Vom 3.November 1934, Nr. 258.

1. Dr. D a n g , Alfred, geb. 5.1.1893, früherer Schriftleiter des "Vorwärts",
2. Dr. R e g l e r , Gustav, geb. 25.5.1898,
3. Prof.Dr.S c h a x e l , Julius Christoph, geb.24.3.1887,
4. Dr. S t r a s s e r , Otto, geb. 10.9.1897.

d) Vom 11.Juni 1935, Nr. 133.

1. Dr. B r o ß y n e r , Jsaak-David, geb.1.10.1898,
2. Dr. B u d z i s l a w s k i , Hermann, geb.11.2.1901,
3. Dr. G o l d m a n n , Nochum, geb. 10.7.1894,
4. Dr. H ä n t z s c h e l , Kurt, Emil, Richard, geb.13.7.1898,

5.

An
1. die Herren Rektoren
der Universitäten,
Technischen Hochschulen,
Handelshochschulen,
Tierärztliche Hochschule und
Bergakademien im Reiche - unmittelbar -
mit je 6 Abdrucken.
2. die Herren Vorsteher der nachgeordneten Dienststellen der preußischen Wissenschaftsverwaltung und
die Hochschulverwaltungen der Länder.

zu 2: Abschrift zur Kenntnis.

Quelle: UAK, Zug. 28/568

Rundschreiben des Reichserziehungsministers an die deutschen Hochschulen über die Ausbürgerung u. a. von Kurt Tucholsky, Rudolf Breitscheid, Alfred Kerr, Albert Einstein und Nahum Goldmann mit Aufforderung zur Überprüfung und Entziehung der Doktorwürde (11.2.1938)

Die Motivation der Nationalsozialisten ist unschwer auszumachen. Am Fall von Rudolf Breitscheid hat Hans Georg Lehmann aufgezeigt, dass die Ausbürgerung von EmigrantInnen als eine „Strafexpatriation" zu betrachten ist, durch welche die Betroffenen den diplomatischen oder konsularischen Schutz im Ausland verloren.[24] Sie war mit weiteren, sich im Lauf der Jahre verschärfenden Sanktionen wie der Entziehung akademischer Grade, Vermögensverlust und Ausbürgerung von Familienangehörigen verbunden. Die Maßnahmen zielten darauf ab, die gesellschaftliche Existenz der Betroffenen zu vernichten und sie auch symbolisch aus der „Volksgemeinschaft" auszustoßen und zu stigmatisieren. Blecher/Wiemers haben in diesem Zusammenhang auch die Funktion der auf den ersten Blick vergleichsweise unwichtigen Doktorgradentziehung pointiert umrissen:

> *„Die Entziehung akademischer Grade in Diktaturen gehört bis heute zu den unscheinbaren und fast legalen Vorgehensweisen gegenüber politisch Andersdenkenden und ausgegrenzten Minderheiten. [...] Sie setzt die Betroffenen in ein Zwielicht, das sie scheinbar auf eine Ebene mit Kriminellen stellt und ihnen die Fähigkeit zum gleichberechtigten sozialen Diskurs in der wissenschaftlichen Öffentlichkeit abspricht. Auch wenn es ihnen gelungen sein sollte, sich dem Zugriff des verfolgenden Staates zu entziehen, wird dennoch eine berufliche Zukunft dadurch erschwert oder gar unmöglich gemacht. Als Mittel der Abschreckung dient die Depromotion aber auch dazu, den Druck auf die verbliebenen oder mit ‚staatsfeindlichen' Ideen sympathisierenden Akademiker und Studenten zu erhöhen."*[25]

Hervorzuheben ist, dass der Doktortitel zeitgenössisch keineswegs nur der Nachweis einer besonderen Wissenschaftlichkeit war, sondern einen, oft auch den einzigen berufsqualifizierenden Abschluss darstellte.[26] Der

---

[24] *Hans Georg Lehmann:* Nationalsozialistische und akademische Ausbürgerung im Exil. Warum Rudolf Breitscheid der Doktortitel aberkannt wurde (Marburger Universitätsreden 10). Marburg 1985, S. 9–16.

[25] *Jens Blecher/Gerald Wiemers*: „... durch sein Verhalten des Tragens einer deutschen akademischen Würde unwürdig". Akademische Graduierungen und deren nachträglicher Entzug an der Universität Leipzig zwischen 1900 und 1935. In: Figuren und Strukturen. Historische Essays für Hartmut Zwahr zum 65. Geburtstag. Hg. von Manfred Hettling u. a. München 2001, S. 679–698, hier S. 679.

[26] *Wolfgang Zimmerling:* Akademische Grade und Titel (Schriften für die Prozeßpraxis 7). Köln u. a. 1990, S. 27f.

Entzug des Grades konnte also dazu führen, dass der Betreffende nicht mehr in der Lage war, seinen Beruf auszuüben, was seine Existenzgrundlage vernichtete. Aus Sicht der Hochschulen ist die Perspektive nochmals eine andere. Mit der Entziehung akademischer Titel aus politischen Gründen gaben die Universitäten im Nationalsozialismus den Kern ihres Selbstverständnisses preis, nämlich eine ordnungsgemäß erbrachte wissenschaftliche Leistung mit einem akademischen Grad anzuerkennen. Sie stießen die Betroffenen aus der Gemeinschaft der Akademiker aus und machten sich damit in Verleugnung ihrer Grundsätze zum Handlanger des Regimes.

Ein besonderer Fall: Dr. rer. pol. h. c. Giuseppe Bottai

Silke Dombrowe und Julia Müller

Eine Doktorgradentziehung ganz anderer Art, die den politischen Charakter der Maßnahme unverhüllt wiedergibt, ist mit dem faschistischen italienischen Politiker und Wissenschaftler Giuseppe Bottai verbunden.[27]

Quelle: UAK, Zug. 20/300

Giuseppe Bottai (Mitte) im Gespräch mit Reichserziehungsminister B. Rust (rechts) auf der Feier des 550. Gründungsjubiläums der alten Kölner Universität, Juni 1938

Giuseppe Bottai wurde am 3.11.1895 als Sohn eines toskanischen Weinbauern in Rom geboren. Bei Ausbruch des Ersten Weltkrieges meldete er sich als Freiwilliger, konnte jedoch aufgrund einer 1917 erlittenen Verletzung nicht länger am Krieg teilnehmen. Nach dem Krieg studierte er bis 1921 in Rom Rechtswissenschaften.

---

[27] UAK, Zug. 28/648; Zug. 9/369.

Im März 1919 gehörte Bottai zu den Gründungsmitgliedern der Faschistischen Partei und wurde zwei Jahre später als Abgeordneter ins Parlament gewählt. Seine Wahl wurde jedoch nachträglich annulliert, da er das erforderliche Mindestalter noch nicht erreicht hatte. In der Folge übernahm er die Leitung der wöchentlich erscheinenden faschistischen Zeitschrift „La Patria". Während des „Marschs auf Rom" im Oktober 1922 führte Bottai jene Kolonne an, die von Tivoli nach Rom zog.

1924 gelang es Bottai, seine politische Karriere zu stabilisieren: Er wurde erneut in die Abgeordnetenkammer entsandt und übernahm zwei Jahre darauf das Amt eines Unterstaatssekretärs im Arbeitsministerium. Der vorläufige Höhepunkt seiner Karriere folgte 1929 mit der Ernennung zum Arbeitsminister. In Bottais Amtszeit, die bis 1932 dauerte, fielen einige wichtige Gesetze: Er arbeitete u. a. maßgeblich an der so genannten *Carta del lavoro* mit, die im April 1927 verabschiedet wurde. Er veröffentlichte zahlreiche wirtschafts- und rechtswissenschaftliche Aufsätze und wurde 1930 von der Universität Pisa zum Professor für Politikwissenschaft, 1932 zum Präsidenten des faschistischen Nationalinstituts für Sozialforschung ernannt. Dieses Amt bekleidete er bis zum Jahr 1935.

Von 1935 bis 1936 wurde Bottai Gouverneur von Rom, wobei er sich besonders auf die Stadtentwicklung konzentrierte. Danach nahm er am Abessinienkrieg teil und wurde erster Zivilgouverneur von Addis Abeba. Von November 1936 bis Februar 1943 bekleidete er das Amt des Erziehungsministers und trieb vor allen Dingen die Reform der Mittelschule voran: Das im Jahr 1939 verabschiedete Schulgesetz (*Carta della scuola*) verfügte die Einführung der Einheitsmittelschule und schloss SchülerInnen jüdischen Glaubens vom Unterricht aus. Bemerkenswert ist, dass in der 1940 von Bottai gegründeten Kulturzeitschrift „Primato" auch antifaschistische Künstler, Historiker und Schriftsteller publizierten.

Im Rahmen der 550-Jahrfeier der Universität Köln erhielt Bottai am 25.6.1938 die Ehrendoktorwürde der Wirtschafts- und Sozialwissenschaftlichen Fakultät. 1943 setzte die Erosion des faschistischen Regimes ein: Im Juli war Bottai im Faschistischen Großrat führend an der Absetzung Mussolinis beteiligt. Dies aktivierte den Kölner Wirtschaftshistoriker Bruno Kuske, der nun dem „Verräter" Bottai die Ehrendoktorwürde der Universität Köln am 1.2.1944 wieder entziehen ließ.

Bottai wurde 1944 in Verona vom Kongress der Republik von Saló zum Tode verurteilt, ging ins Exil, schloss sich der Fremdenlegion an und kämpfte in Frankreich gegen die deutsche Besatzungsmacht. Er wurde von den Alliierten zu einer Zuchthausstrafe verurteilt, doch 1947 vorzeitig begnadigt. Daraufhin kehrte er nach Italien zurück und widmete sich fortan ganz dem Journalismus. 1949 erschienen seine Memoiren: „Vent'anni e un giorno". Im Jahre 1953 gründete er die politische Zeitschrift „ABC".

Giuseppe Bottai starb am 9.1.1959.

Literatur:

Giuseppe Bottai, in: Biografie fascistici (www.romacivica.net/anpiroma/FASCISMO/fascismo12d.htm) [acc. 9.3.2005]

Dizionario del Fascismo, Bd. 1: A–K. Torino 2002, S. 194–198

Enciclopedia europea, Bd. 2. Milano 1976, S. 508

Enciclopedia Italiana di Scienze, Lettere ed Arti, Bd. 7. Milano 1930, S. 575

Grande Dizionario Enciclopedico UTET, Bd. 3. Torino 1967, S. 344

Nuovissima Enciclopedia Generale De Agostini, Bd. 2. Novara 1995, S. 1126

Galfré, Monica: Giuseppe Bottai: un intellettuale fascista. Firenze 2000

Guerri, Giordano Bruno: Giuseppe Bottai, fascista. Milano 1996

Gentili, Rino: Giuseppe Bottai e la riforma fascista della scuola. Firenze 1979

II Forschungsstand und Quellenlage

Zum Forschungsstand

Das Recht der Graduierung bzw. Entziehung akademischer Grade fand zunächst Niederschlag in Untersuchungen zum Hochschulrecht; zu nennen sind hier die Arbeiten von Arnold Köttgen und Werner Thieme aus rechtswissenschaftlicher Sicht und von Gerhard Bengeser zur Promotion allgemein.[28] Die Entziehung gültig erworbener Doktorgrade wird in diesen frühen Untersuchungen allerdings nur ganz am Rande behandelt. In das Blickfeld der Geschichtswissenschaft geriet diese Thematik erst seit etwa 1965. Ihre Erforschung ging in zwei sich teilweise überschneidenden Schritten vor sich: Auf individualbiographische Arbeiten folgten später Versuche, die Gesamtheit der entzogenen Grade für einzelne Hochschulen zu ermitteln.

Am Beginn standen die Fälle zweier bekannter Persönlichkeiten: Der Bonner Historiker Paul Egon Hübinger forschte über die Entziehung der Bonner Ehrendoktorwürde des Schriftstellers und Nobelpreisträgers Thomas Mann[29], während Hans Georg Lehmann in Marburg der Frage nachging, warum dem Sozialdemokraten Rudolf Breitscheid nach der Emigration der philosophische Doktortitel der Philipps-Universität aberkannt wurde.[30] Volker Schupp, der damalige Rektor der Albert-Ludwigs-Universität Freiburg, verband bereits den individualbiographischen Ansatz einer Einzelfallanalyse mit dem Versuch, eine möglichst umfassende Liste aller

---

[28] *Arnold Köttgen*: Deutsches Hochschulrecht. Tübingen 1933; *Werner Thieme*: Deutsches Hochschulrecht. Das Recht der wissenschaftlichen Hochschulen Bonn/Köln 1956; 3., vollständig neu bearb. Auflage unter dem Titel: Deutsches Hochschulrecht. Das Recht der Universitäten sowie der künstlerischen und Fachhochschulen in der Bundesrepublik Deutschland. Köln u. a. 2004; *Gerhard Bengeser*: Doktorpromotion in Deutschland. Begriff, Geschichte, gegenwärtige Gestalt. Bonn, o. J. [1964].

[29] *Paul Egon Hübinger*: Thomas Mann, die Universität Bonn und die Zeitgeschichte. Drei Kapitel deutscher Vergangenheit aus dem Leben des Dichters 1905–1955. München/Wien 1974.

[30] Vgl. *Lehmann* 1985.

Freiburger Entziehungsverfahren zwischen 1933 und 1945 zu erstellen.[31] Einen Markstein bedeutete schließlich die alle deutschen Universitäten erfassende Erhebung des Sekretariats der Ständigen Konferenz der Kultusminister (KMK) im Jahre 1998, die auf eine entsprechende Anfrage des „Vereins gegen Vergessen – für Demokratie" reagierte. Bei der Auswertung dieses Papiers[32] ist jedoch quellenkritisch zu berücksichtigen, dass die dort enthaltenen Angaben auf der Kooperationsbereitschaft der angeschriebenen Hochschulen beruhten. Die Angaben über die Universität zu Köln lassen vermuten, dass damals keine intensiveren Recherchen zur Ermittlung einzelner Fälle oder des gesamten Komplexes angestellt wurden.

Im Jahre 2000 nahmen die Hochschularchivare die Initiative der KMK auf, als sie die Doktorgradentziehungen im „Dritten Reich" zum Thema der Frühjahrstagung der Fachgruppe 8 (Archivare an Universitäten und wissenschaftlichen Einrichtungen) im Verband deutscher Archivarinnen und Archivare (VdA) machten.[33] Einige der gehaltenen Vorträge sind seitdem an unterschiedlicher Stelle im Druck erschienen.[34] Dass die Tagung an der Rheinischen Friedrich-Wilhelms-Universität Bonn stattfand, kann nicht verwundern: Im Jahre 1999 hatte das Universitätsarchiv unter dem Titel „Opfer nationalsozialistischen Unrechts an der Universität Bonn" eine Ehrenliste der vertriebenen DozentInnen und Studierenden sowie derjenigen vorgelegt, denen der akademische Grad entzogen worden war.[35]

Die bislang umfassendste Publikation zur Entziehung akademischer Grade unter den Nationalsozialisten stellt die 2002 erschienene Untersu-

---

[31] *Volker Schupp*: Zur Aberkennung der akademischen Grade an der Universität Freiburg. Bericht aus den Akten. In: Freiburger Universitätsblätter, Heft 86 (Dezember 1984), S. 9–19.

[32] Martina Elschenbroich als Verfasserin des Papiers stellte dem Universitätsarchiv Köln freundlicherweise die Übersicht für diese Arbeiten zur Verfügung.

[33] *Wolfgang Müller:* Frühjahrstagung der Fachgruppe 8 an der Rheinischen Friedrich-Willhelms-Universität Bonn. In: Der Archivar 53 (2002), S. 341–343.

[34] Vgl. die Beiträge von Sabine Happ, Werner Moritz, Jens Blecher und Ralf Forsbach in der Literaturliste im Anhang.

[35] *Klaus Borchard (Hg.):* Opfer nationalsozialistischen Unrechts an der Universität Bonn. Gedenkstunde anlässlich der 60. Wiederkehr der Reichspogromnacht (Alma Mater – Beiträge zur Geschichte der Universität Bonn 88). Bonn 1999.

chung von Margret Lemberg für die Philipps-Universität Marburg dar[36]. Im Jahr zuvor war unter fast gleichlautendem Titel ein Aufsatz von Jens Blecher und Gerald Wiemers erschienen, der im weiteren zeitlichen Kontext von 1900 bis 1935 Graduierung und Gradentziehung an der Universität Leipzig, insbesondere an der dortigen Philosophischen Fakultät, beleuchtete.[37] In einer Gedenkveranstaltung am 31.3.2004 unterstrich die Universität Wien, dass sie generell alle Aberkennungen akademischer Grade zur Zeit des Nationalsozialismus für nichtig halte.[38] Mit einer Ausstellung in der Niedersächsischen Staats- und Universitätsbibliothek vom 29.10. bis 22.11.2004 stellte sich die Universität Göttingen dem Thema[39], und auch die Universität Gießen wird gegenwärtig Gegenstand intensiver historischer Forschung.[40] Die Auswertung der aus dem Universitätsarchiv Freiburg stammenden Bestände durch Sabine Happ stellt eine neue Forschungsperspektive dar, indem hier statt einer lokalen Betrachtung ein Ansatz gewählt wurde, der alle Universitäten des Deutschen Reichs einschließlich Innsbruck, Prag, Straßburg und Wien erfasst.[41]

Zur Quellenlage

Die vorliegende Sammlung greift den individualbiographischen Ansatz auf, versucht aber auch, die Gesamtheit der Personen zu ermitteln, denen in Köln während des Nationalsozialismus der Doktor- bzw. der Diplomgrad entzogen worden war. Durch die Aktenrecherche der Seminarteilneh-

---

[36] *Lemberg* 2002.

[37] *Blecher/Wiemers* 2001.

[38] *Herbert Posch/Friedrich Stadler (Hg.):* „... eines akademisches Grades unwürdig". Nichtigerklärung von Aberkennungen akademischer Grade zur Zeit des Nationalsozialismus an der Universität Wien. Erweiterte Dokumentation der gleichnamigen Gedenkveranstaltung vom 31.3.2004. Wien 2005.

[39] *Kerstin Thieler:* „... des Tragens eines deutschen akademischen Grades unwürdig". Die Entziehung von Doktortiteln an der Georg-August-Universität Göttingen im „Dritten Reich". Göttingen 2004. Vgl. auch: www.sub.uni-goettingen.de/archiv/ausstell/2004/doktor.html (acc. 15.2.2005).

[40] Vgl. *Peter Chroust:* Die bürokratische Verfolgung. Doktorgradentziehungen an der Universität Gießen 1933–1945. In: www.ohgeschv.online-b.de/DoktorgradGi.html (acc. 15.2.2005).

[41] *Happ,* 2004.

merInnen kam die oben wiedergegebene Liste mit 65 Namen zustande. Recherchiert wurde von Anfang an sehr breit: Einschlägig waren die Bestände des Rektorats, der vier damals bestehenden Fakultäten (Wirtschafts- und Sozialwissenschaftliche, Rechtswissenschaftliche, Medizinische und Philosophische Fakultät), der Kuratorialverwaltung, des Universitätsrichters sowie des Sekretariats des Rektors (heute: Studierendensekretariat). Die Überlieferungslage erwies sich jedoch als disparat: Unter den Akten des Rektors fanden sich drei starke Bände mit Rundschreiben deutscher Hochschulen über die Aberkennung akademischer Grade, wie sie auch in anderen Universitätsarchiven erhalten sind.[42] Hier waren auch die entsprechenden, von Köln aus versandten Vervielfältigungen abgelegt, die für eine komparative Analyse wichtig sind. Die meisten Entziehungsfälle konnten in der Studentenkartei ermittelt werden.[43]

Ein einschlägiger Sachaktenband, betitelt „Schwarze Liste", existiert nur aus der Wirtschafts- und Sozialwissenschaftlichen Fakultät. Er enthält die Fallakten der Doktorgradentziehung dieser Fakultät wie auch Rundschreiben und Generalia. Der Band gibt zusätzlich Auskunft über die nach dem Krieg erfolgten Rehabilitierungen.[44] Wenngleich die Promotionsalben der WiSo-Fakultät noch nicht im Universitätsarchiv liegen, konnte mit einer Datenbank gearbeitet werden, die auf Initiative des Dekans Wolfgang Jagodzinski entstanden war und die er dem Archiv freundlicherweise zur Verfügung stellte. In den Promotionsalben der Rechtswissenschaftlichen Fakultät, die sich seit kurzem im Universitätsarchiv befinden[45], waren die meisten Doktorgradentziehungen durch Streichung des Eintrags mit roter Tinte und durch erläuternde Vermerke kenntlich gemacht worden. Die Unterlagen beider Fakultäten konnten durch andere Bestände ergänzt werden.

Aus der Medizinischen Fakultät lagen lediglich mehrere Generalakten zu einzelnen Aspekten der Doktorpromotion vor, unter denen sich Einzelfälle von Entziehungen fanden. Der Großteil ihrer Promotionsakten bis

---

42 UAK, Zug. 28/129, /130 und /569.

43 UAK, Zug. 600.

44 UAK, Zug. 70/481.

45 UAK, Zug. 598/1–7.

1945 wurde im Zweiten Weltkrieg vernichtet. Die erhaltenen Reste werden derzeit erschlossen und konnten daher vom Projekt noch nicht benutzt werden. Die Promotionsalben befinden sich noch im Dekanat der Medizinischen Fakultät und standen daher ebenfalls nicht zur Verfügung. Wie bei der Philosophischen Fakultät konnten hier die meisten Fälle über die Studentenkartei ermittelt werden.

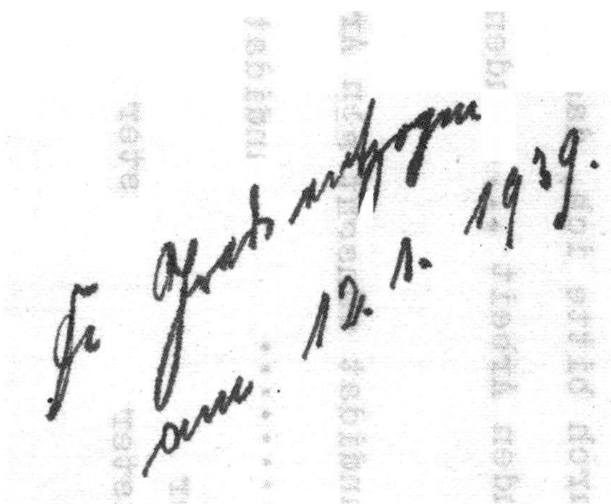

Quelle: UAK, Zug. 70/19

„Dr. Grad entzogen am 12.1.1939."

In den Promotionsalben der Rechtswissenschaftlichen Fakultät wurden Entziehungen eigens kenntlich gemacht. In der Rechtswissenschaftlichen, der Wirtschafts- und Sozialwissenschaftlichen wie der Philosophischen Fakultät wurde die Entziehung, wie Stichproben ergaben, auch in den Akten des jeweiligen Promotionsverfahrens vermerkt.

III Die Aberkennung akademischer Grade an der Universität Köln im Nationalsozialismus: Kontext und Besonderheiten

Die Anzahl der Studierenden an der Universität Köln

Anne Burgmer und Janos Neumann

Um die Anzahl der aberkannten Doktorgrade an der Universität Köln während des Nationalsozialismus richtig einschätzen zu können, ist es unumgänglich, sich einen Überblick über die Gesamtzahl der Studierenden sowie der abgeschlossenen Promotionen zu verschaffen.

In den Jahren zwischen 1933 und 1945 waren an der Universität Köln im Durchschnitt pro Semester 2 379 Studierende eingeschrieben.[46] Insgesamt studierten im gesamten Zeitraum knapp 65.000 Personen in Köln. Die Studierenden verteilten sich auf vier Fakultäten: die Wirtschafts- und Sozialwissenschaftliche, Rechtswissenschaftliche, Medizinische und Philosophische Fakultät, von denen die Wirtschafts- und Sozialwissenschaftliche Fakultät bis zum Ausbruch des Zweiten Weltkriegs die größte war (Sommersemester 1939: 41 Prozent der Studierenden). Die Medizinische Fakultät verzeichnete zu Beginn der nationalsozialistischen Herrschaft die wenigsten Studierenden, danach stiegen die Zahlen jedoch deutlich an. Die Anzahl der Studierenden an der Rechtswissenschaftlichen und der Philosophischen Fakultät nahm seit der Machtübernahme der Nationalsozialisten kontinuierlich ab: Im Sommersemester 1939 waren dort nur noch 12 beziehungsweise 15 Prozent der Studierenden eingeschrieben.

Im Wintersemester 1939/1940 wurde die Universität wegen ihrer Nähe zur Westfront geschlossen; ihre Räume sollten als Hilfskrankenhaus dienen. Aufgrund des Kriegsverlaufs konnte der Lehrbetrieb jedoch bereits 1940 wieder aufgenommen werden. Nach der Wiedereröffnung war die Medizinische Fakultät die mit Abstand größte der vier Kölner Fakultäten: In einigen Semestern waren an ihr fast die Hälfte aller Studierenden eingeschrie-

---

[46] *Vgl. Erich Meuthen (Hg.):* Die neue Universität. Daten und Fakten (Kölner Universitätsgeschichte, Bd. III). Köln/Wien 1988, S. 293.

Quelle: UAK, Zug. 20/306

Immatrikulationsfeier in der Aula der Universität Köln 1943

ben, eine Entwicklung, die den steigenden Bedarf an Ärzten in Kriegszeiten widerspiegelt. Die zweitgrößte Fakultät war bis zum Ende des Krieges die Wirtschafts- und Sozialwissenschaftliche, gefolgt von der Philosophischen und der Rechtswissenschaftlichen Fakultät.

Da es in vielen Fällen jüdische AbsolventInnen waren, denen die Doktorwürde aberkannt wurde, ist es wichtig zu wissen, wie viele jüdische Studierende in der Zeit der Weimarer Republik und des Nationalsozialismus an der Universität Köln immatrikuliert waren. Eine Auswertung der Anmeldekarten der Universität hat ergeben, dass zwischen dem Wintersemester 1923/1924 und dem Sommersemester 1937 insgesamt 3 557 jüdische Studierende in Köln eingeschrieben waren. Erfassungskriterium war dabei die entsprechende Eintragung in der Rubrik „Konfession".[47] Die meisten jüdischen Studierenden waren an der Wirtschafts- und So-

[47] Peter Lauf: Jüdische Studierende an der Universität zu Köln 1919–1934. Köln/Wien 1991.

zialwissenschaftlichen sowie an der Rechtswissenschaftlichen Fakultät immatrikuliert. Ihre Zahl blieb bis zum Wintersemester 1932/1933 relativ konstant und nahm dann seit der Machtübernahme der Nationalsozialisten drastisch ab. Waren bis zum Wintersemester 1932/1933 noch durchschnittlich 178 jüdische Studierende pro Semester an der Kölner Universität eingeschrieben, so reduzierte sich diese Zahl ab dem Sommersemester 1933 auf durchschnittlich nur noch 20. Das Gesetz „gegen die Überfüllung deutscher Schulen und Hochschulen" von 1933 wurde systematisch dazu genutzt, politisch und ‚rassisch' unerwünschte Personen vom Studium an den deutschen Hochschulen auszuschließen. In Köln erreichte die Diktatur schnell ihr Ziel: Bereits ab dem Sommersemester 1936 lief die Zahl jüdischer Studierender praktisch gegen Null.

Neben den Studierendenzahlen ist auch die Anzahl der abgeschlossenen Promotionen an der Universität Köln wichtig für die richtige Einschätzung der Projektergebnisse. Da nur aberkannt werden konnte, was vorher erworben worden war, sollen hier die abgeschlossenen Promotionen seit der Wiedereröffnung der Kölner Universität im Jahre 1919 betrachtet werden. An der Universität promovierten zwischen 1919 und 1945 im Durchschnitt pro Semester 176 Studierende. Insgesamt erlangten in diesem Zeitraum 9 347 AbsolventInnen die Doktorwürde. Bis zum Wintersemester 1921/1922 promovierte weit über die Hälfte aller AbsolventInnen an der Medizinischen Fakultät. Hierbei ist jedoch zu beachten, dass sowohl die Rechtswissenschaftliche als auch die Philosophische Fakultät erst im Jahre 1920 eröffnet wurden. Ab 1927 wurden etwa zehn Jahre lang die meisten Doktorgrade an der Rechtswissenschaftlichen Fakultät verliehen, ihr folgten die Promotionen an der Medizinischen Fakultät.

Entzogene Doktorgrade in Köln: Statistisches

Die quantitative Entwicklung der insgesamt 65 Depromotionen an der Universität Köln im Nationalsozialismus verlief mit charakteristischen Häufungen. In den Jahren der Machtübernahme und -stabilisierung bis einschließlich 1935 folgte die Universität den entsprechenden Vorgaben des preußischen Kultusministers bzw. Reichserziehungsministers nicht. 1936 entzog sie dann sechs, im Folgejahr fünf Doktortitel. 1938 schnellte die Zahl der Aberkennungen auf zwölf, 1939 (also infolge der Reichspogromnacht) auf 19, um danach wieder kontinuierlich abzusinken: 1940 elf Entziehungen, 1941 acht und 1942 vier. In den Folgejahren kam es in Köln zu keinen weiteren Aberkennungen von Doktortiteln durch die Universität. Allerdings zog, wie oben dargelegt, ab 1943 die Ausbürgerung automatisch die Depromotion nach sich, also ohne eigenen Akt der betreffenden Hochschule. Hier könnte folglich noch eine Opfergruppe existieren, die über das Universitätsarchiv nicht zu erfassen ist.

Von den 65 entzogenen Doktorgraden entfielen 34 Fälle auf die Ausbürgerung gemäß § 2 des „Gesetzes über den Widerruf der deutschen Staatsangehörigkeit" vom 14.7.1933. Die übrigen 31 Fälle gingen auf eine vorausgegangene strafrechtliche Verurteilung zurück. Der Sonderfall der politisch bedingten Aberkennung der Ehrendoktorwürde von Giuseppe Bottai, der sich 1943 im Faschistischen Großrat gegen Mussolini gestellt hatte, kommt im Folgenden nicht in Betracht. An der Universität Köln betrug demnach das Verhältnis der Aberkennungen nach erfolgter Ausbürgerung rund 52 Prozent gegenüber 48 Prozent aufgrund einer Verurteilung.

Tabelle 1: Entziehung von Doktorgraden an der Universität Köln nach Fakultäten

	insgesamt	davon infolge Ausbürgerung	davon infolge Verurteilung
WiSo-Fakultät	16	7	9
Rechtswiss. Fakultät.	17	8	9
Medizinische Fakultät	24	13	11
Philosophische Fakultät	8	6	2
Universität Köln insgesamt	65	34	31

Im Vergleich mit den Zahlen anderer deutscher Universitäten tritt Köln auf den ersten Blick nicht besonders hervor, sondern befindet sich im Mittelfeld. Nach der von Sabine Happ erstellten, mit Sicherheit nicht vollständigen Liste[48] standen die Universitäten Breslau (226 Fälle), Berlin (197), Würzburg (173), Freiburg (136) und Wien (125) an der Spitze der Aberkennungen. Es ist jedoch zu bedenken, dass die Universität Köln erst 1919/20 wiederbegründet worden war, d. h. erst seit dieser Zeit konnte überhaupt

[48] *Happ*, S. 287f. Happ ermittelte für Köln z. B. nur 38 Entziehungen.

der Doktorgrad erworben werden. Vor diesem Hintergrund sind 65 Entziehungsfälle anders zu gewichten.

Auch in anderer Hinsicht steht Köln gegen den Trend: Sabine Happ errechnete, dass im Deutschen Reich während des Nationalsozialismus insgesamt 1 702 Doktorgrade entzogen wurden, davon die überwältigende Mehrheit (1 238, also 73 Prozent) aufgrund erfolgter Ausbürgerung und nur 358 infolge einer gerichtlichen Verurteilung. Hinzu kamen 15 „sonstige" (z. B. infolge Alkoholismus) und 88 Fälle ohne Angaben.[49] In Köln dagegen hielten sich die Doktorgradentziehungen infolge Ausbürgerung und gerichtlicher Verurteilung mit 34 gegenüber 31 Fällen fast die Waage.

Betrachtet man die Delikte, die an der Universität Köln nach einer gerichtlichen Verurteilung zur Entziehung der akademischen Grade führten, so ergeben sich erkennbare Häufungen:

Tabelle 2: Delikte, die an der Universität Köln nach einer gerichtlichen Verurteilung eine Doktorgradentziehung legitimierten:

Körperverletzung	1
Fahrlässige Tötung	1
Abtreibung	6
Devisenvergehen	5
Betrugsdelikte (inkl. Untreue und Urkundenfälschung)	6
Erpressung	1
Anstiftung zur Abgabe falscher eidesstattlicher Erklärungen	1
Sittlichkeitsdelikte/Exhibitionismus	1
Homosexualität	5
Lebenswandel	1
Hochverrat	2
„Heimtücke"	1
Summe	**31**

[49] Ebenda, S. 289.

Dass es bei den Verurteilungen wegen Hochverrats und nach dem „Heimtückegesetz" um politisch motivierte Straftaten bzw. Gerichtsurteile ging, ist unmittelbar evident. Es wird allerdings im Folgenden zu zeigen sein, dass die Strafverschärfungen bei den Delikten Homosexualität und Abtreibung sowie bei Devisenvergehen deutlich von der NS-Ideologie geprägt waren und ebenfalls Instrumentarien nationalsozialistischer Rassen- und Bevölkerungspolitik darstellten. Generell waren so genannte „Nichtarier" auch hier überproportional betroffen.

Nach den von Happ[50] ermittelten reichsweit 85 Entziehungen wegen Abtreibung entfielen auf Köln sechs, von den 33 Entziehungen wegen Hochverrats, staatsfeindlicher Handlungen und „Heimtücke" drei, von den 58 Betrugsdelikten sechs, von den 14 Aberkennungen aufgrund von Devisenvergehen fünf und von den 68 Entziehungen aufgrund der §§ 175 und 175a RStGB (Homosexualität) schließlich ebenfalls fünf. Bei den meisten Betrugsdelikten (einschließlich Untreue und Urkundenfälschung) gaben die im Universitätsarchiv vorhandenen Quellen keine Auskunft darüber, um was es im Einzelnen ging. Es muss daher bis zur Auffindung neuer Quellen offen bleiben, ob es sich dabei nicht ebenfalls um politisch motivierte Straftaten handelte. Generell deuten die Indizien in diese Richtung.[51]

---

[50] Ebenda, S. 291.

[51] Ebenda, S. 289.

IV Doktorgradentziehungen aufgrund strafrechtlicher Tatbestände

Homosexualität als Verbrechen

Ute Zimmermann

Im § 175 des Reichsstrafgesetzbuches vom 15.5.1871 hieß es: „*Die widernatürliche Unzucht, welche zwischen Personen männlichen Geschlechts oder von Menschen mit Tieren begangen wird, ist mit Gefängnis zu bestrafen; auch kann auf Verlust der bürgerlichen Ehrenrechte erkannt werden.*" Damit war bereits im Kaiserreich männliche Homosexualität strafbar. Zwischen 1882 und 1918 kam es zu 18.365 Verurteilungen nach § 175, das sind etwa 510 Verurteilungen wegen Homosexualität oder Sodomie jährlich. Die Gesetzeslage änderte sich auch in der Weimarer Republik nicht. Allerdings stieg die Zahl der durchschnittlich ergangenen Urteile auf etwa 710 pro Jahr an.

Ab 1934 sollte sich die Situation homosexueller Männer beträchtlich verschlechtern, als die Nationalsozialisten den so genannten „Röhm-Putsch" zum Anlass nahmen, die einschlägige Gesetzgebung zu verschärfen. Am 1.9.1935 trat eine Gesetzesnovelle in Kraft, die nunmehr härtere Strafen für Homosexualität vorsah. Nach dem neuen § 175a waren Strafen von bis zu zehn Jahren Zuchthaus für homosexuelle Handlungen möglich, die zuvor mit höchstens drei Jahren Gefängnis bestraft worden waren *(siehe Abschrift S. 50)*. Zusätzlich wurden jetzt nicht nur „beischlafähnliche", sondern sämtliche homoerotischen Handlungen zwischen Männern unter Strafe gestellt. Neu war ferner, dass sich in Fällen von Missbrauch nicht nur der Missbrauchende, sondern auch der Missbrauchte strafbar machte. Nun stieg die Zahl der Verurteilungen sehr schnell an und erreichte in den Jahren 1937, 1938 und 1939 ihren Höchststand mit etwa 8 000 rechtskräftigen Verurteilungen pro Jahr.

Insgesamt wurden zwischen 1933 und 1945 etwa 53.000 Personen rechtskräftig aufgrund Vergehen gemäß §§ 175, 175a und 175b (Sodomie) verurteilt. Etwa ein Drittel aller verurteilten Homosexuellen erhielt Gefängnisstrafen, die anderen wurden als so genannte „Gewohnheitsverbrecher" zu Zuchthausstrafen verurteilt. Folgen einer solchen Zuchthausstrafe wa-

Gesetz zur Änderung des Strafgesetzbuchs.
Vom 28. Juni 1935.

§ 175

Artikel 6 Unzucht zwischen Männern

1. § 175 des Strafgesetzbuchs erhält folgende Fassung:

§ 175 Ein Mann, der mit einem anderen Mann Unzucht treibt oder sich von ihm zur Unzucht mißbrauchen läßt, wird mit Gefängnis bestraft.
Bei einem Beteiligten, der zur Zeit der Tat noch nicht einundzwanzig Jahre war, kann das Gericht in besonders leichten Fällen von Strafe absehen.

2. Hinter § 175 des Strafgesetzbuchs wird als § 175a folgende Vorschrift eingefügt:

§ 175a Mit Zuchthaus bis zu zehn Jahren, bei mildernden Umständen mit Gefängnis nicht unter drei Monaten wird bestraft:

1. ein Mann, der einen anderen Mann mit Gewalt oder durch Drohung mit gegenwärtiger Gefahr für Leib oder Leben nötigt, mit ihm Unzucht zu treiben oder sich von ihm zur Unzucht mißbrauchen zu lassen;

2. ein Mann, der einen anderen Mann unter Mißbrauch einer durch ein Dienst-, Arbeits- oder Unterordnungsverhältnis begründeten Abhängigkeit bestimmt, mit ihm Unzucht zu treiben oder sich von ihm zur Unzucht mißbrauchen zu lassen;

3. ein Mann über einundzwanzig Jahre, der eine männliche Person unter einundzwanzig Jahren verführt, mit ihm Unzucht zu treiben oder sich von ihm zur Unzucht mißbrauchen zu lassen;

4. ein Mann, der gewerbsmäßig mit Männern Unzucht treibt oder von Männern sich zur Unzucht mißbrauchen läßt oder sich dazu anbietet.

[...] Das Gesetz tritt am 1. September 1935 in Kraft.

Berlin, den 28. Juni 1935

Der Führer und Reichskanzler
Adolf Hitler

Der Reichsminister der Justiz Dr. Gürtner

Quelle: RGBl. 1935, I, S. 841

ren Nebenstrafen wie der Verlust der bürgerlichen Ehrenrechte und die Bescheinigung der Wehrunwürdigkeit. Bei einer Verurteilung nach § 175 kam auf viele Homosexuelle zusätzlich eine Bestrafung nach § 20a zu, der „gefährliche Gewohnheitsverbrecher" betraf; d.h., homosexuelle Männer, die bekanntermaßen mehrere Sexualpartner gehabt hatten oder bereits aufgrund homosexueller Handlungen bestraft worden waren, konnten zusätzlich nach § 20a verurteilt werden. Das bedeutete, dass über das eigentlich vorgesehene Strafmaß hinausgehende Strafen verhängt, eine an die Haft anschließende Sicherheitsverwahrung in einer Heilanstalt oder einem KZ angeordnet und auch eine Zwangskastration verfügt werden konnte. Etwa 20 Prozent der verurteilten Homosexuellen waren von § 20a betroffen. In den meisten Fällen wurde eine härtere Strafe verhängt; von der Sicherheitsverwahrung wurde in 30 Prozent der Fälle Gebrauch gemacht.

Die Situation verschärfte sich noch einmal, als Heinrich Himmler am 12.2.1940 verfügte, dass alle homosexuellen Männer, die mehr als einen Partner gehabt hatten, nach ihrer Entlassung aus dem Gefängnis in „polizeiliche Vorbeugehaft" genommen werden sollten, was die automatische Verbringung in ein Konzentrationslager bedeutete. In den KZs rangierten die mit dem rosa Winkel gekennzeichneten Homosexuellen in der Häftlingshierarchie ganz unten und verzeichneten mit 10.000 bis 15.000 Opfern die prozentual höchste Todesrate, wobei die meisten bei speziellen Sonderkommandos und medizinischen Versuchen ums Leben kamen. Viele wählten die „freiwillige" Entmannung, weil ihnen Haftverschonung oder die Entlassung aus dem KZ versprochen wurde und sie hofften, so der weiteren Verfolgung zu entgehen.

Der Kampf der Nationalsozialisten gegen die Homosexualität implizierte nicht notwendig die Vernichtung aller Homosexuellen, hielt man Homosexualität doch für erworben und nicht für angeboren. Man war davon überzeugt, dass die meisten Homosexuellen „verführt" worden seien und durch entsprechende Maßnahmen wieder auf den „richtigen Weg" gebracht werden könnten. Nur wenige, nach Himmler etwa zwei Prozent aller Homosexuellen, galten als unbelehrbar und sollten darum von der Gesellschaft ferngehalten werden. Diese Sicht hatte zur Folge, dass sich ein fein abgestuftes Bestrafungssystem für Homosexuelle entwickelte, angefangen von Geldbußen bis hin zur Verbringung in ein KZ.

Anders als bei Juden oder Sinti und Roma musste Homosexualität im Einzelfall nachgewiesen werden, was sich recht schwierig gestaltete. Der Polizei blieben nur zwei Mittel, um Homosexuelle aufzuspüren und ihnen Vergehen nachzuweisen: Razzien in einschlägig bekannten Lokalen und die Denunziation durch Dritte oder bereits ermittelte Homosexuelle. Mied ein homosexueller Mann Strichjungen und entsprechende Treffpunkte und verhielt er sich unauffällig und ‚normal', war er vergleichsweise sicher. So einfach das klingt, bedeutete es doch völlige Selbstverleugnung und dauernde Verstellung, da schon die kleinsten Verhaltensabweichungen zu einer Entdeckung führen konnten. Die Selbstmordrate unter Homosexuellen stieg rapide an, weil viele den ständigen Druck nicht ertragen konnten. Außerdem waren etliche Personen der Polizei bereits vor 1933 als Homosexuelle bekannt gewesen. Infolge der Bestrebungen, die Strafbarkeit der Homosexualität abzuschaffen, war in der Weimarer Republik eine organisierte Homosexuellen-Bewegung entstanden, die namentlich gekennzeichnete Veröffentlichungen und Zeitschriften publizierte. In einem solchen Klima hatte man es wagen können, sein Leben innerhalb der homosexuellen Szene nahezu frei zu führen, vor allem in den Großstädten, wo homosexuelle Subkulturen entstanden. Nach der nationalsozialistischen Machtübernahme konnten viele Homosexuelle sich also nicht einfach unauffällig verhalten, denn sie waren oft bereits einschlägig bekannt.

Bisher war nur von Männern die Rede, aber wie erging es lesbischen Frauen? Weibliche Homosexualität war gesetzlich nicht strafbar, was mit dem Frauen zugeschriebenen Geschlechtscharakter zusammenhing. Die emotionaleren Umgangsformen zwischen Frauen machten außerdem eine eindeutige Grenzziehung zwischen legalem und illegalem Verhalten schwierig, wenn nicht unmöglich. Da Frauen keine wichtigen politischen Ämter bekleideten, sahen die Nationalsozialisten auch keine Gefahr, dass weitere Frauen mit der „Seuche" Homosexualität „angesteckt" werden könnten. Nicht zuletzt bewirkte die Überzeugung, eine Frau sei allenfalls „pseudohomosexuell" und damit heilbar, dass die Nationalsozialisten in lesbischen Frauen keine gesellschaftliche Gefahr sahen. Auch lesbische Frauen konnten grundsätzlich Kinder gebären und damit in den Augen der Nationalsozialisten ihre wichtigste Aufgabe erfüllen, während homosexuelle Männer für die Produktion von Nachkommen verloren waren. Diese unterschiedliche Bewertung von männlicher und weiblicher Homosexualität bewahrte lesbische Frauen vor systematischer Verfolgung, aber auch sie mussten sich verbergen und verstellen. Die Verdrängung von Frauen aus dem Berufsleben erschwerte vor allem ihnen das Leben, weil sie nicht verheiratet und auf den eigenen Verdienst angewiesen waren.

Nach 1945 entspannte sich die Lage für Homosexuelle in beiden Teilen Deutschlands, vor allem aber im Osten. In der sowjetischen Besatzungszone war umstritten, ob die Paragraphen 175 und 175a weiter angewendet werden sollten. Bereits 1948 beschloss das Oberlandesgericht Halle, dass die 1935 in Kraft getretenen Strafverschärfungen typisch nationalsozialistisch und daher nicht mehr anwendbar seien. Seit 1950 wurden in der DDR einverständliche, gleichgeschlechtliche Handlungen unter Erwachsenen nicht mehr bestraft. 1988 wurde die Homosexualität zu einer der Heterosexualität vergleichbaren Variante des Sexualverhaltens erklärt.

In der Bundesrepublik dagegen war Homosexualität noch sehr lange eine Straftat, was auch verhinderte, dass Homosexuelle als Opfer des NS-Regimes anerkannt wurden und Wiedergutmachungsansprüche anmelden konnten. Nach 1945 wurde grundsätzlich an den Strafbestimmungen von 1935 festgehalten, und auch der 1962 vorgelegte Entwurf eines Strafgesetzbuches bestand auf der Strafbarkeit homosexueller Handlungen. Erst 1973 wurde bestimmt, dass nur homosexuelle Handlungen mit Minderjährigen unter Ausnutzung von Abhängigkeitsverhältnissen und Prostitution strafbar seien. Mit dem Beitritt der neuen Bundesländer 1990 wurde deren Rechtsstand übernommen.

Literatur:

Blazek, Helmut: Rosa Zeiten für rosa Liebe. Geschichte der Homosexualität. Frankfurt 1996.

Bülow, Carola von: Der Umgang der nationalsozialistischen Justiz mit Homosexuellen. Diss. masch. Univ. Oldenburg 2000.

Giles, Geoffrey J.: Legislating Homophobia in the Third Reich : the Radicalization of Prosecution Against Homosexuality by the Legal Profession. In: German History 23 (2005), S. 339-354.

Grau, Günter (Hg.): Homosexualität in der NS-Zeit. Dokumente einer Diskriminierung und Verfolgung. Frankfurt 1993.

Hergemöller, Bernd-Ulrich: Mann für Mann. Biographisches Lexikon zur Geschichte von Frauenliebe und mannmännlicher Sexualität im deutschen Sprachraum. Hamburg 1998.

Jellonnek, Burkhard: Homosexuelle unter dem Hakenkreuz. Paderborn 1990.

Ders./Lautmann, Rüdiger (Hg.): Nationalsozialistischer Terror gegen Homosexuelle: verdrängt und ungesühnt. Paderborn u. a. 2002.

Schoppmann, Claudia: Nationalsozialistische Sexualpolitik und weibliche Homosexualität. Pfaffenweiler 1991.

Dies.: Zeit der Maskierung. Lebensgeschichten lesbischer Frauen im „Dritten Reich". Berlin 1993.

Stümke, Hans-Georg: Homosexuelle in Deutschland. Eine politische Geschichte. München 1989.

Entziehung aufgrund „gewerbsmäßiger Abtreibung"

Wilm Huygen, Alexandra Müller, Clara Walther und Andrea Wiehager

Das Projekt stieß bei seinen Nachforschungen auf insgesamt sechs Personen, denen die Universität Köln während des Nationalsozialismus den Doktorgrad aufgrund einer Verurteilung wegen „gewerblicher Abtreibung" entzog. Damit ist die Abtreibungspolitik des „Dritten Reichs" angesprochen, die einen wichtigen Bestandteil der Bevölkerungspolitik darstellte.

Die staatlichen Maßnahmen im Rahmen der nationalsozialistischen Bevölkerungspolitik umfassten einen quantitativen und einen qualitativen Aspekt. Die quantitative Bevölkerungspolitik zielte darauf ab, den seit der Jahrhundertwende zunehmenden Geburtenrückgang zu bremsen bzw. die Geburtenzahlen wieder zu steigern. Überlegungen in diese Richtung hatte es schon vor der Herrschaft der Nationalsozialisten gegeben. Ziel der qualitativen Bevölkerungspolitik mittels eugenischer Maßnahmen war die so genannte „Hebung der Erbgesundheit" des „Volkskörpers". Sorgen um die erbbiologische Belastung weiter Bevölkerungsteile und Ängste vor einer übermäßigen Vermehrung „Minderwertiger", „Erbkranker" und „Gemeinschaftsunfähiger" hatten ebenfalls bereits in den 1920er Jahren zu Forderungen geführt, diese Menschen von der Fortpflanzung auszuschließen, um auf diese Weise die in der modernen Gesellschaft gestörten „natürlichen" Selektionsmechanismen zu ersetzen. Im Nationalsozialismus verknüpften sich radikale „erbpflegerische" Maßnahmen mit der Exklusion und später der Vernichtung rassisch als „minderwertig" beurteilter Bevölkerungsgruppen und Völker wie Juden, Sinti und Roma oder Russen.

Die erbpflegerischen Ideen der Eugenik spiegelten sich auch in der Schwangerschaftspolitik des Regimes wider: „Erbgesunde" Frauen „arischer" Abstammung mussten das Kind austragen - eine Abtreibung wurde auch bei Gefährdung der Mutter durch die Schwangerschaft kaum zugelassen und war bei Strafe verboten. Behinderte Frauen und Frauen „nicht-arischer" Abstammung wurden dagegen sterilisiert oder gegen ihren Willen zur Abtreibung genötigt. Diese zweigleisige Politik beschreibt Gabriele Czarnowski wie folgt: *„Das Charakteristische der nationalsozialisti-*

schen Frauenpolitik war nicht der Gebärzwang, sondern der staatlich organisierte Zugriff auf die weibliche Gebärfähigkeit von zwei Seiten."[52]

Dieser für den Nationalsozialismus bezeichnende „Zugriff von zwei Seiten" verdeutlicht den ideologisch-politischen Hintergrund von Doktorgradentziehungen, die infolge einer Verurteilung wegen so genannter „gewerbsmäßiger Abtreibung" ausgesprochen wurden. Hierbei kann es sich nur um ÄrztInnen gehandelt haben, die eine Abtreibung bei „arischen" und „erbgesunden" Frauen vorgenommen hatten.

In einem Gerichtsurteil von 1934 heißt es, die dort verhandelte Straftat suche *„an ehrloser Gesinnung ihres Gleichen. Durch sein Tun hat der Angeklagte sich aus der Volksgemeinschaft ausgeschlossen. Ihm waren daher die bürgerlichen Ehrenrechte abzuerkennen."* Für das Gericht war bei der Strafzumessung zu beachten, *„dass der Angeklagte keimendes Leben in besonders grossem Umfang zerstört und damit dem Volke in seinem Bestande besonders grossen Schaden zugefügt hat."*[53]

ÄrztInnen, die dies bei „erbkranken" und „nicht-arischen" Frauen (im Krieg z. B. auch bei russischen Zwangsarbeiterinnen) taten, wurden nicht nur gar nicht erst angeklagt, sondern vielmehr genau dafür bezahlt und befördert. Die Schaffung einer unterschiedlichen Rechtslage für den gleichen Tatbestand soll im Folgenden kurz skizziert werden.

Die erste gesetzliche Regelung zum Umgang mit Abtreibung wurde 1871 im § 218 des Reichsstrafgesetzbuchs formuliert: *„Eine Schwangere, welche ihre Frucht vorsätzlich abtreibt oder im Mutterleib tötet, wird mit Zuchthaus bis zu fünf Jahren bestraft. [...] Dieselben Strafvorschriften finden auf denjenigen Anwendung, welcher mit Einwilligung der Schwangeren die Mittel zur Abtreibung oder Tötung bei ihr angewendet oder ihr beigebracht hat."*

Dieses Gesetz galt unverändert bis zur Machtübernahme der Nationalsozialisten, war dann allerdings eng verbunden mit der Gesetzeslage zur Sterilisation. Am 14.7.1933 hieß es im Gesetz „zur Verhütung erbkranken Nachwuchses", dass Sterilisation als Mittel gesehen werde, „biologisch

[52] *Gabriele Czarnowski:* Frauen als Mütter der „Rasse". Abtreibungsverfolgung und Zwangseingriff im Nationalsozialismus. In: Gisela Staupe/Lisa Vieth (Hg.): Unter anderen Umständen – Zur Geschichte der Abtreibung. Dresden 1993, S. 58.

[53] UAK, Zug. 386/317, aus der Urteilsbegründung des Preußischen Landgerichts Bielefeld gegen Hermann Fink wegen „gewerbsmäßiger Abtreibung" vom 20.9.1934.

minderwertiges Erbgut auszuschalten", und zwar erstmals auch ausdrücklich gegen den Willen der Betroffenen. Darunter fielen Menschen, die z. B. an Alkoholismus, erblichen Formen von Blind- und Taubheit, schwerer körperlicher Missbildung, Schizophrenie und angeborenem Intelligenzmangel litten. Bei der praktischen Umsetzung dieser Maßnahme stellte sich die Frage, wie mit schwangeren Frauen, die zur Sterilisation vorgesehen waren, zu verfahren sei. Ärzte wurden in diesen Fällen zur Abtreibung ermutigt, ohne den § 218 auf sie anzuwenden.

Am 26.6.1935 führte das Ergänzungsgesetz zum Gesetz vom 14.7.1933 erstmalig in der deutschen Rechtsgeschichte die medizinische und die eugenische Indikation für gesetzlich erlaubte Schwangerschaftsabbrüche ein: Abtreibung war nun bei Gefährdung der Mutter durch die Schwangerschaft wie auch aus eugenischen Gründen gesetzlich möglich.

Allerdings standen Abtreibungen aus medizinischen Gründen unter der Kontrolle eines Gutachterausschusses. Gleichzeitig wurde das Strafmaß für unerlaubte Abtreibungen deutlich angehoben, und zwar sowohl für die betroffenen Frauen als auch für die durchführenden Ärzte und Ärztinnen. Ihren Höhepunkt fand diese Entwicklung am 9.3.1943 mit der Verordnung zum Schutz von Ehe, Familie und Mutterschaft, die soweit ging, sogar die Herstellung und den Vertrieb von Verhütungsmitteln unter Strafe zu stellen (*siehe Verordnungstext auf den Seiten 58 und 59*). Auf „gewerbliche Abtreibung" stand nun die Todesstrafe. Allerdings galt diese Vorschrift ausdrücklich nur für ‚arische' und ‚erbgesunde' Frauen, während bei Frauen, die nicht zur ‚Volksgemeinschaft' gehörten, weiterhin Zwangsabtreibungen vorgenommen wurden. An dieser Stelle wird besonders bewusst, dass auf rassistischen Kriterien beruhendes ungleiches Recht für denselben Tatbestand nun auch öffentlich, nachzulesen im Reichsgesetzblatt, verankert war.

Wie ist mit den genannten Fällen von Doktorgradentziehungen infolge „gewerbsmäßiger Abtreibung" zu verfahren, wenn man bedenkt, dass Abtreibung auch vor 1933 und nach 1945 eine Straftat war? Zu reflektieren ist, dass im Nationalsozialismus der ethisch-moralische Aspekt des Abtreibungsverbots, nämlich der Schutz des ungeborenen Lebens, keine Rolle spielte. Die beschriebene Zweigleisigkeit der Rechtslage, in der staatliche

Zwangsabtreibungen und striktes Abtreibungsverbot nebeneinander bestanden und praktiziert wurden, belegt, dass es sich bei der Abtreibungspraxis im „Dritten Reich" zweifellos um einen Ausdruck nationalsozialistischer Rassen- und Bevölkerungspolitik handelte.

Der Ministerrat für die Reichsverteidigung verordnet mit Gesetzeskraft:

Artikel I

[...]

Artikel II

Abtreibung, Zerstörung der Fortpflanzungsfähigkeit und Vertrieb von Mitteln gegen Schwangerschaft

[...]

§ 5

(1) Eine Frau, die ihre Leibesfrucht abtötet oder die Abtötung durch einen anderen zuläßt, wird mit Gefängnis, in besonders schweren Fällen mit Zuchthaus bestraft.

(2) Der Versuch ist strafbar.

(3) Wer sonst die Leibesfrucht einer Schwangeren abtötet, wird mit Zuchthaus, in minder schweren Fällen mit Gefängnis bestraft. Hat der Täter dadurch die Lebenskraft des deutschen Volkes fortgesetzt beeinträchtigt, so ist auf Todesstrafe zu erkennen.

(4) Wer in anderen als in den gesetzlich zugelassenen Fällen die Zeugungs- oder Gebärfähigkeit bei einem anderen mit dessen Einwilligung oder bei sich selbst vorsätzlich zerstört oder durch Bestrahlung oder Hormonbehandlung nachhaltig stört, wird mit Gefängnis nicht unter drei Monaten, in besonders schweren Fällen mit Zuchthaus bestraft, soweit nicht die Tat nach einer anderen Vorschrift mit schwerer Strafe bedroht ist.

[...]

§ 7

Wer Mittel oder Gegenstände, welche die Schwangerschaft abbrechen oder verhüten oder Geschlechtskrankheiten vorbeugen sollen, vorsätzlich oder fahrlässig einer Vorschrift entgegen herstellt, ankündigt oder in Verkehr bringt, wird mit Gefängnis bis zu zwei Jahren oder mit Geldstrafe bestraft.

Artikel III

Schlußvorschriften

§ 8

Der Reichsminister der Justiz kann bestimmen, daß die §§ 1 bis 7 auf Straftaten gegen Personen, die nicht deutsche Staatsangehörige deutscher Volkszugehörigkeit sind, keine Anwendung finden. Die Anordnungen können im Erlaßwege getroffen werden.

```
§ 9
(1)  Der Reichsminister des Innern wird ermächtigt, die Her-
stellung und Ankündigung von Mitteln und Gegenständen, welche
die Schwangerschaft abbrechen oder verhüten oder Geschlechts-
krankheiten vorbeugen sollen, sowie den Handel mit ihnen zu re-
geln.
§ 10
Die Verordnung tritt zwei Wochen nach ihrer Verkündung in Kraft.
Sie gilt auch in den eingegliederten Ostgebieten.
[...]

Berlin, den 9. März 1943
Der Vorsitzende des Ministerrats für die Reichsverteidigung
G ö r i n g
Reichsmarschall
Der Generalbevollmächtigte für die Reichsverwaltung
Frick
Der Reichsminister und Chef der Reichskanzlei
Dr. Lammers
```

Quelle: RGBl. 1943, Band I, S. 140-141

Verordnung zum Schutz von Ehe, Familie und Mutterschaft vom 9.3.1943.

Literatur:

Bock, Gisela: Zwangssterilisation im Nationalsozialismus. Studien zu Rassenpolitik und Frauenpolitik. Opladen 1986.

Czarnowski, Gabriele: Frauen als Mütter der „Rasse". Abtreibungsverfolgung und Zwangseingriff im Nationalsozialismus. In: Gisela Staupe/Lisa Vieth (Hg.): Unter anderen Umständen - Zur Geschichte der Abtreibung. Dresden 1993, S. 58–72.

Gante, Michael: Das 20. Jahrhundert (II). Rechtspolitik und Rechtswirklichkeit 1927–1976. In: Robert Jütte (Hg.): Geschichte der Abtreibung. Von der Antike bis zur Gegenwart. München 1993, S. 169–208.

Keitz, Ursula: Vom weiblichen Crimen zur kranken Frau - Narration und Argumentation zur „Abtreibung" und „Vernichtung lebensunwerten Lebens" im Film der Weimarer Republik und der NS-Zeit. In: Joachim Lindner und Claus-Michael Ort (Hg.): Verbrechen - Justiz - Medien. Konstellationen in Deutschland von 1900 bis zur Gegenwart. Tübingen 1999, S. 357–386.

Proctor, Robert N.: Racial Hygiene. Medicine under the Nazis. Cambridge/MA 1988.

Aberkennung aufgrund Verurteilung wegen Wirtschaftsvergehens

Robert Fuchs

Die gesonderte Beschäftigung mit der Aberkennung von akademischen Graden auf Grundlage von Wirtschaftsvergehen während des Nationalsozialismus scheint gegenüber Entziehungsgründen wie der zwangsweisen Ausbürgerung von vergleichsweise geringerem Interesse. Doch der Schein trügt.

Die Relevanz ergibt sich nicht allein aus der Anzahl der Betroffenen. Das Projekt hat an der Universität Köln fünf Aberkennungen ermittelt, die mit einer rechtskräftigen Verurteilung wegen Devisenvergehens begründet wurden, sowie sechs weitere, die sich auf Betrugsdelikte bezogen, darunter Untreue und Urkundenfälschung. Analog zur berufsbedingten Häufung der Verurteilungen wegen Abtreibungen an der Medizinischen Fakultät konzentrieren sich die Aberkennungen von akademischen Graden aufgrund von Wirtschaftsvergehen an der Wirtschafts- und Sozialwissenschaftlichen Fakultät. Hierbei sind, grob vereinfacht, Devisenvergehen, Wucher und Betrug zu unterscheiden. Interessanter als der Blick auf die Quantität sind hier jedoch die Gründe der Verurteilungen. Während bei den Ausbürgerungen offensichtlich politische Faktoren ausschlaggebend waren, muss dies bei Wirtschaftsdelikten nicht zwangsläufig der Fall gewesen sein. Es wird im Folgenden zu zeigen sein, dass auch und gerade diese Vergehen offen waren für politische Vereinnahmungen.

Wie auch die Devisenprozesse gegen katholische Geistliche belegen, nutzte das Regime Wirtschaftsvergehen, um unliebsame Personengruppen oder Einzelpersonen wirtschaftlich und politisch zu schikanieren und auszuplündern.[54] Bei finanziellen Unregelmäßigkeiten waren die Behörden schnell mit Ermittlungsverfahren bei der Hand. Die undurchsichtige

[54] Vgl. hierzu *Petra Madeleine Rapp:* Die Devisenvergehen gegen katholische Ordensangehörige und Geistliche im Dritten Reich. Eine Untersuchung zum Konflikt deutscher Orden und Klöster in wirtschaftlicher Notlage, totalitärer Machtausübung des nationalsozialistischen Regimes und im Kirchenkampf 1935/36. Diss. Phil. Bonn 1981.

Rechtslage bot dazu die nötigen Möglichkeiten. Gerade Verfahren wegen Devisenvergehens und Wucher trafen bevorzugt emigrationswillige Juden, „Halbjuden" und „jüdisch versippte" Personen sowie diejenigen, die ihnen bei der Vorbereitung der Emigration halfen. Bevor man das Reich verlassen konnte, war eine Vielzahl von steuerlichen (beispielsweise die ominöse „Reichsfluchtsteuer"[55]), finanziellen und vermögensrechtlichen Transaktionen erforderlich, in deren immer weiter ausgelegten Fußangeln man sich leicht verfangen konnte. Sie dienten unverblümt der wirtschaftlichen Ausplünderung der Betroffenen. Die die Prozesse begleitende Propaganda und Berichterstattung zogen zudem die verteidigenden Rechtsanwälte in die angeblichen Straftaten hinein und setzten sie starkem Druck aus, drohte ihnen doch im schlimmsten Fall der Entzug der Zulassung.

Der Ausschuss aus Rektor und Dekanen, der über die Doktorgradentziehung entschied, hatte, wie oben erwähnt, keinen Handlungsspielraum, wenn bei rechtskräftiger Verurteilung als Nebenstrafe auch die bürgerlichen Ehrenrechte aberkannt wurden. Ein entsprechender Erlass von 1937 regelte für diesen Fall den sofortigen Verlust aller akademischen Titel.[56] Wurden dem Verurteilten die Ehrenrechte jedoch nicht entzogen, eröffnete sich durch die interpretative Spannbreite des Terminus „unwürdig" ein vergleichsweise großer Spielraum. Der Doktorgrad konnte, aber er musste nicht aberkannt werden. Ein Beispiel zeigt, wie dieser Freiraum beschaffen sein konnte, und ermöglicht zugleich Einblicke in die durchaus verschlungenen Entscheidungs- und Kommunikationsstrukturen vor und nach 1945.[57]

Der frühere Brauereidirektor Dr. Johannes Müller wurde am 13.4.1938 zu drei Jahren und sechs Monaten Gefängnis und einer Geldstrafe von 1000 RM verurteilt. Er hatte als Hauptgeschäftsführer des Verbandes Rheinischer Hotel-, Restaurant- und verwandter Betriebe vor Gericht gegenüber der Reichsregierung die Interessen seiner durch die alliierte Besatzung des Rheinlands geschädigten Klienten vertreten, unter denen sich auch einige jüdische Hotelbesitzer befanden. Das Gericht war der Ansicht, Müller habe

---

[55] Vgl. *Dorothee Mußgnug*: Die Reichsfluchtsteuer 1931–1953. Berlin 1993.

[56] UAK, Zug. 70/481. Erlass vom 27.12.1937

[57] Die folgenden Ausführungen basieren auf der Auswertung des Bestandes UAK, Zug. 70/19.

dem Reich durch zu hoch angesetzte Angaben geschadet, und verurteilte ihn wegen fortgesetzter Bestechung sowie vollendeten und versuchten Betruges. Daraufhin entzog die Universität Köln Müller am 12.1.1939 seinen am 15.7.1920 erworbenen Doktortitel. Zur Begründung hieß es: *„Da der Genannte durch seine Verfehlungen sich des Tragens seines deutschen akademischen Grades unwürdig erwiesen hat, ist ihm durch Beschluss des zuständigen Ausschusses [...] der Doktorgrad entzogen worden."*

Müller erhielt diese Nachricht im Konzentrationslager Aschendorfer Moor. In seinem Einspruch verwies sein Anwalt Hans Bernicken auf die Kann-Bestimmung des § 18 der Promotionsordnung der Wirtschafts- und Sozialwissenschaftlichen Fakultät. Er führte aus, *„dass die Universität keineswegs gezwungen gewesen wäre, zu ihrem Beschluss zu kommen. Es lag vielmehr in ihrem Ermessen, den Beschluss zu fassen oder nicht. Bei dieser Rechtslage hätte es einer Begründung der Schlussfolgerung [...] bedurft."* Bernicken versuchte daraufhin darzulegen, dass sein Mandant durchaus des Doktortitels ‚würdig' sei: Dieser habe freiwillig am Ersten Weltkrieg teilgenommen und sei als Offizier mit fünf Auszeichnungen und der Rettungsmedaille am Bande geehrt worden. Doch der Antrag wurde abgelehnt.

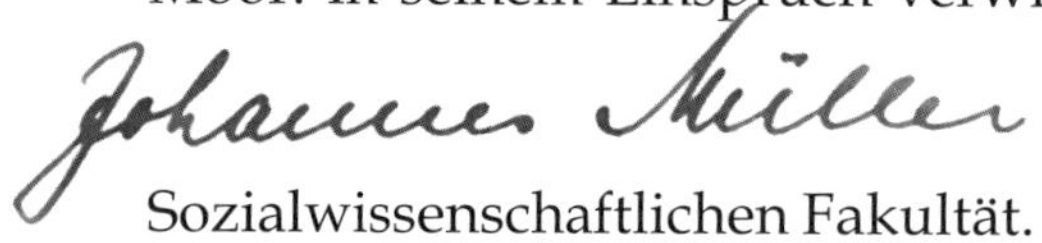

Am 12.10.1944 erhielt der inzwischen haftentlassene Müller ein Schreiben der Kreisleitung Köln der NSDAP, das ihn in Rücksprache mit der Gauleitung vollständig rehabilitierte. Wie sich später herausstellte, war einer der Initiatoren der ehemalige Kölner Oberbürgermeister Günther Riesen, ein Jagdfreund Müllers. Das Schreiben des Kreishauptamtleiters verrät die Motive, die hinter dessen Verurteilung 1938 gestanden hatten:

> *„Wir müssen deshalb, zumal Sie durch eine jüd. Frau belastet waren, davon absehen, Ihnen die näheren Gründe für die Untersuchung Ihres Falles mitzuteilen. [...] Niemandem [...] darf das Recht verwehrt werden, als vollwertiges Mitglied der Gemeinschaft wieder aufgenommen zu werden, zumal, wenn es sich um einen politischen Prozess handelte und Sie auch keine Ehrenstrafen hinzunehmen hatten. Die lange Zeitdauer der Überprüfung hatte auch nichts damit zu tun, daß Sie die im Jahre 33 durch den damal. Staatskommissar beabsichtigte Ernennung zum Beigeordneten der Hansestadt Köln ablehnten."*[58]

[58] UAK, Zug. 70/19. Brief der NSDAP Kreisleitung Köln vom 12.10.1944

In aller Offenheit wurde hier von der politischen Dimension des Prozesses gegen Müller gesprochen. Diese war auch aus der damaligen Presseberichterstattung deutlich zu erkennen, in der er als „Judenknecht" diffamiert wurde. Müller war bis zu seiner Scheidung im Jahr 1938 mit einer jüdischen Frau verheiratet gewesen. Außerdem hatte er sich offenkundig dem Einfluss der Partei entzogen.

Die Grundlage der Aberkennung des Doktortitels war mit diesem Schreiben der NSDAP-Kreisleitung in Frage gestellt, doch erreichte es die Universität vor Kriegsende wohl nicht mehr.[59] Müller, inzwischen Geschäftsführer des Kohlenhändler-Verbandes für das Gebiet der Nord-Rheinprovinz, bemühte sich, Klarheit über die Rechtmäßigkeit seines akademischen Grades, den er mittlerweile wieder führte, zu erhalten. Nachdem er erfahren hatte, dass er mitnichten rehabilitiert war, stellte er am 6.10.1946 einen entsprechenden Antrag, in dem er seinen Fall mit Verweis auf die damaligen politischen Hintergründe seiner Verurteilung schilderte. Auf Ersuchen des Dekans der Wirtschafts- und Sozialwissenschaftlichen Fakultät, an den Müller seinen Antrag gerichtet hatte, erstellte Professor Bohne vom Kriminalwissenschaftlichen Institut ein Gutachten[60], aufgrund dessen die Fakultät bei ihrer negativen Entscheidung blieb.[61] Die 1944 erfolgte Rehabilitation Müllers wurde ihm nun als Indiz seiner Nähe zum NS-Regime ausgelegt. Die Fakultät wollte sich erst wieder mit dem Fall befassen, wenn ein Wiederaufnahmeverfahren das Gerichtsurteil aufgehoben hätte. Die gesamten Koblenzer Gerichtsakten waren jedoch im Krieg vernichtet worden, eine Wiederaufnahme damit unmöglich. In einem separaten Brief offenbarte der Dekan die Beweggründe der Fakultätsentscheidung: *„Die Stellungnahme der Fakultät war von der Erwägung bestimmt, daß heute sehr viele strafrechtlich Verurteilte mit dem Anspruch auftreten, politisch verfolgt gewesen zu sein. Es schien der Fakultät nicht möglich, lediglich auf Grund der Angaben des*

---

[59] Das Schreiben in den Akten des Kölner Universitätsarchivs ist eine am 22.11.1945 notariell erstellte Abschrift, deren Eingang bei der Universität nicht durch eine Datierung kenntlich gemacht wurde.

[60] UAK, Zug. 70/19. Das Gutachten ist auf den 27.1.1947 datiert.

[61] UAK, Zug. 70/19. Brief von Dekan Wessels an Rektor Kroll vom 27.3.1947.

Interessenten selbst und seiner Vertreter das Vorhandensein eines politischen und nicht rechtlich bestimmten Urteils anzunehmen."[62]

Müllers ehemalige Anwälte wandten sich in persönlichen Briefen an den Universitätsrichter, der ebenfalls ein negatives Gutachten verfasst hatte, und schilderten nochmals die Umstände des Prozesses. Seine Arbeitgeber setzten sich für ihn ein, und auch Müllers ehemalige Frau verbürgte sich für seine Aussagen. Die Angelegenheit wurde erneut verhandelt. Der Universitätsrichter blieb zwar auch im zweiten Gutachten bei seiner „Auffassung, dass das Strafurteil nicht durch politische Erwägungen beeinflusst gewesen ist". Wegen der günstigen Beurteilung des Arbeitgebers schlug er jedoch vor, die *„Fakultät könnte, analog zu einem Gnadenerlaß, den früheren Beschluss aufheben. Damit würde wohl eine Wiederverleihung des Doktortitels vermieden werden können. – Es wäre aber auch der Weg möglich, dass die Fakultät auf Grund der beigebrachten Zeugnisse die Überzeugung ausspricht, daß bei dem Strafurteil politische Motive mitgewirkt haben. In diesem Fall könnte der Doktortitel wiederverliehen werden."*[63]

Die Fakultät wählte den ersten Weg. Johannes Müller wurde im Januar 1948 die Doktorwürde wieder zuerkannt: Die Fakultät hob ihren damaligen Beschluss auf, „da nicht feststellbar ist, ob das gegen Sie ergangene Urteil vom 13.4.1938 auf politischen Motiven beruht".[64]

---

[62] UAK, Zug. 70/19. Brief von Dekan Wessels an Rektor Kroll vom 9.5.1947.

[63] UAK, Zug. 70/19. Gutachten Fincks vom 18.10.1947

[64] UAK, Zug. 70/19. Brief von Dekan Wessel an Herrn Müller vom 21.1.1948

V Einzelschicksale

Die im Folgenden aufgeführten Einzelschicksale verstehen sich als ein offenes Projekt. Leser und Leserinnen bleiben aufgefordert, weitere Lebensläufe und biographische Daten zu ermitteln, um die Liste zu ergänzen und zu vervollständigen.

Dr. rer. pol. Michael Arenz

Andreas Freitäger

Michael Arenz wurde am 3.3.1901 in Godesberg als Sohn des Einzelhändlers Johann Arenz und seiner Frau Maria, geb. Rosen, geboren. Nach dem Besuch des Staatlichen Gymnasiums in Bonn, das er am 31.7.1920 mit dem Zeugnis der Reife verließ, arbeitete er kurzzeitig in einem Industrie- und Lebensmittelbetrieb, nahm aber im Wintersemester 1921/22 das Studium der Wirtschaftswissenschaften an der Universität Köln auf. Sein Studium schloss er 1923 als Diplom-Kaufmann ab und promovierte am 25.2.1926 zum Dr. rer. pol. Im Wintersemester 1926/27 immatrikulierte er sich erneut, diesmal zum Studium der Rechtswissenschaft, wurde aber 1929 aus der Liste der Studierenden gestrichen. Arenz war zunächst in einem Einzelhandelsverband und in der Preußischen Steuerverwaltung tätig. Am 1.1.1931 trat er in die Hypothekenabteilung der Westdeutschen Bodenkreditanstalt in Köln ein und erhielt im November 1936 die Prokura. Noch im Jahr der nationalsozialistischen Machtübernahme wurde er NSDAP-Mitglied.

Im Rahmen einer Grundstückszwangsverwaltung lernte Arenz den jüdischen Einzelhändler Adolf Schmidt kennen, der ihn 1938 wegen seines im Vorjahr ausgewanderten Bruders um niederländische Devisen bat. Arenz' Schwager, der Kinderarzt Dr. Eugen Funcken, besaß in den Niederlanden aus einer Erbschaft nicht-deklarierte Wertpapiere und Vermögenswerte. Durch einen Bekannten von Funcken erhielt Schmidt 1938 gegen 30.000 RM die Summe von 10.000 hfl. in Wertpapieren. Schmidt gab davon 6 000 hfl. an Arenz zurück, die dieser am 23.8.1939 in Frankfurt an eine angeblich auswanderungswillige Jüdin verkaufen wollte. Die Frau stellte

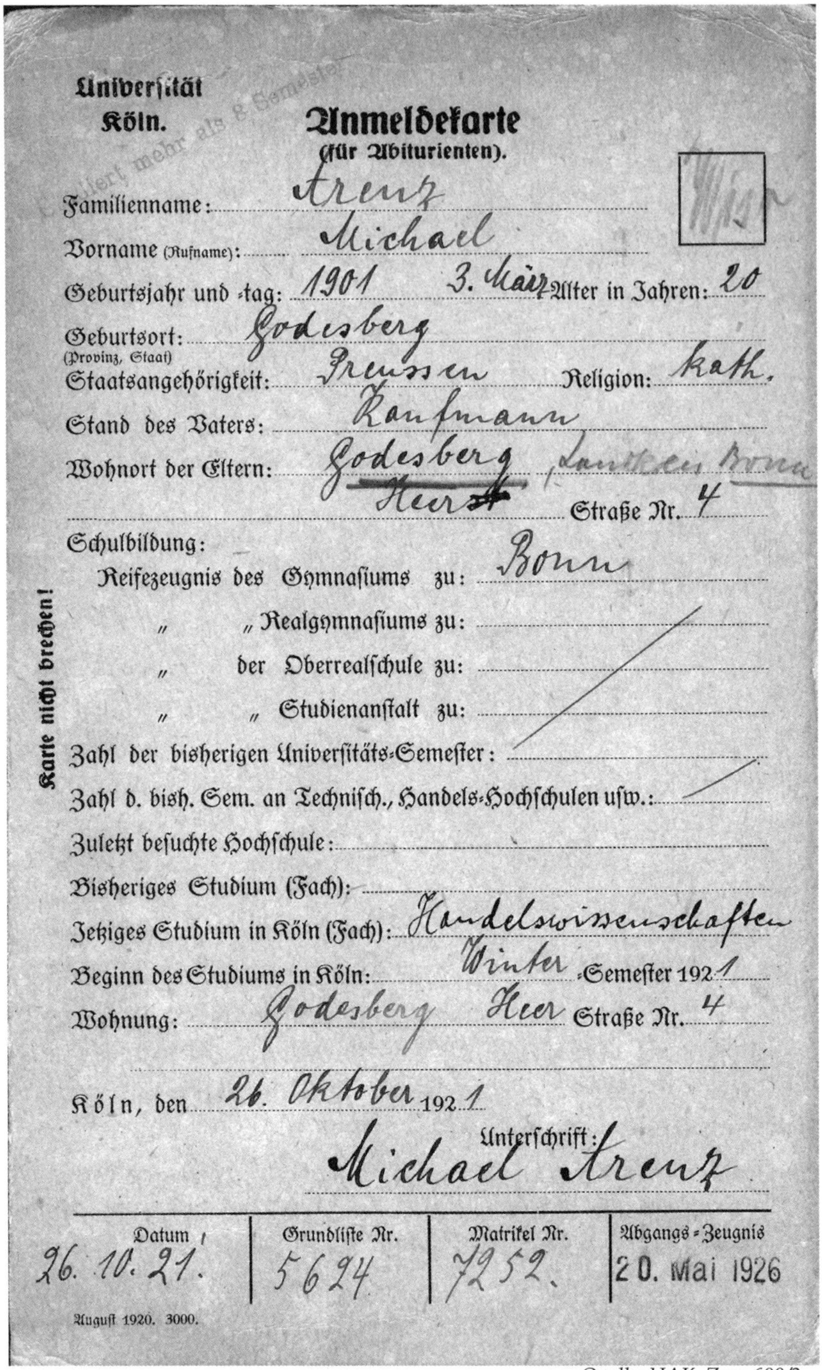
Universität Köln.

Anmeldekarte (für Abiturienten).

mehr als 8 Semester

Familienname: Arenz

Vorname (Rufname): Michael

Geburtsjahr und -tag: 1901 3. März Alter in Jahren: 20

Geburtsort: (Provinz, Staat) Godesberg

Staatsangehörigkeit: Preussen Religion: kath.

Stand des Vaters: Kaufmann

Wohnort der Eltern: Godesberg, Landkreis Bonn
~~Heer~~ Straße Nr. 4

Schulbildung:

Reifezeugnis des Gymnasiums zu: Bonn

" " Realgymnasiums zu:

" der Oberrealschule zu:

" " Studienanstalt zu:

Zahl der bisherigen Universitäts-Semester:

Zahl d. bish. Sem. an Technisch., Handels-Hochschulen usw.:

Zuletzt besuchte Hochschule:

Bisheriges Studium (Fach):

Jetziges Studium in Köln (Fach): Handelswissenschaften

Beginn des Studiums in Köln: Winter -Semester 1921

Wohnung: Godesberg Heer Straße Nr. 4

Köln, den 26. Oktober 1921

Unterschrift: Michael Arenz

Karte nicht brechen!

Datum	Grundliste Nr.	Matrikel Nr.	Abgangs-Zeugnis
26. 10. 21.	5624	7252.	20. Mai 1926

August 1920. 3000.

Quelle: UAK, Zug. 600/2

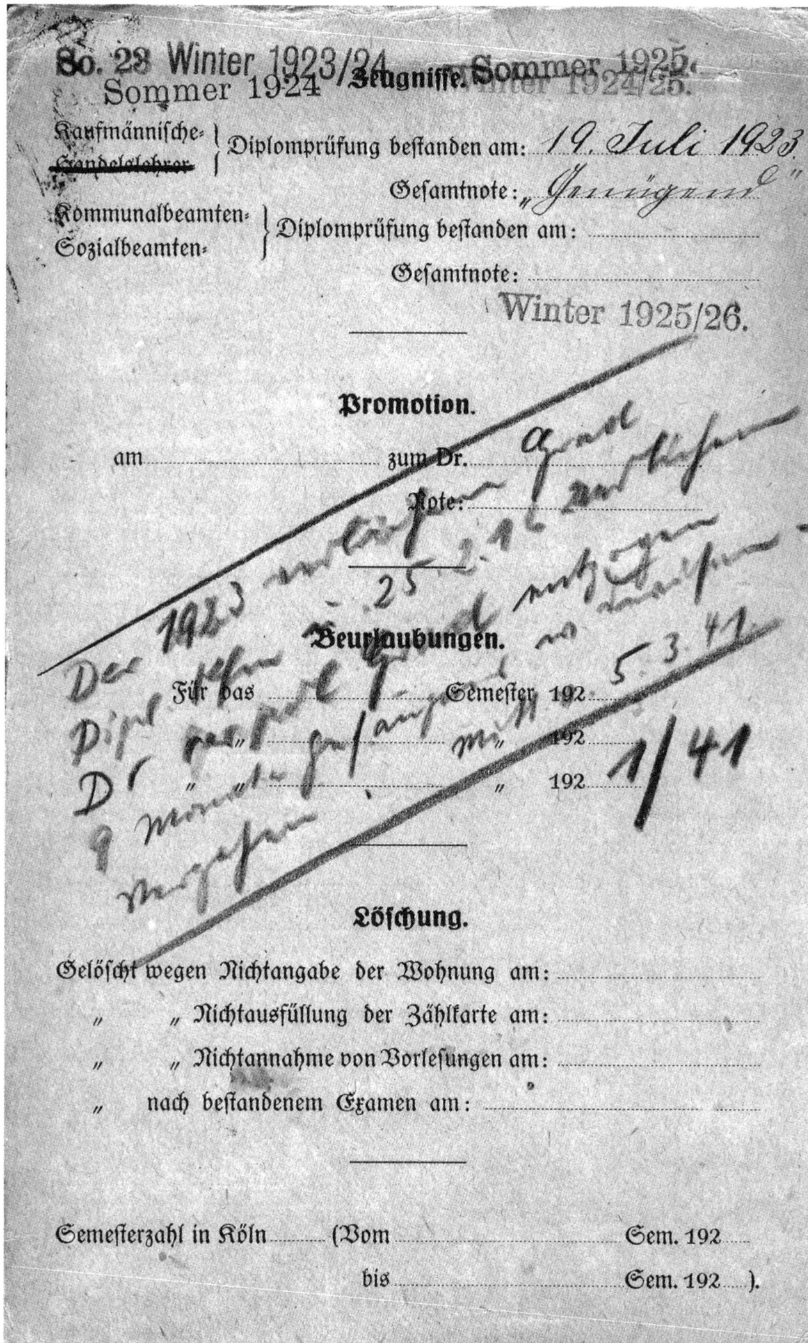

No. 28 Winter 1923/24 Zeugnisse. Sommer 1925.
Sommer 1924 Winter 1924/25.

Kaufmännische- / ~~Handelslehrer-~~ } Diplomprüfung bestanden am: 19. Juli 1923

Gesamtnote: „Genügend“

Kommunalbeamten- / Sozialbeamten- } Diplomprüfung bestanden am:

Gesamtnote:

Winter 1925/26.

Promotion.

am ... zum Dr. ...

Note: ...

25

Beurlaubungen.

Für das ... Semester 192 ...

„ „ ... „ 192 ...

„ „ ... „ 192 ...

Löschung.

Gelöscht wegen Nichtangabe der Wohnung am: ...

„ „ Nichtausfüllung der Zählkarte am: ...

„ „ Nichtannahme von Vorlesungen am: ...

„ nach bestandenem Examen am: ...

Semesterzahl in Köln ... (Vom ... Sem. 192 ...

bis ... Sem. 192 ...).

Quelle: UAK, Zug. 600/2 (verso)

„Der 1923 verliehene Grad Dipl.-Kfm. u[nd]. 25.2.26 verliehene Dr. rer. pol. Grad entzogen[,] 9 Monate Gefängnis w[egen] Devisenvergehen. Mitt[eilung] v[om]. 5.3.41 [Az.] 1/41“

sich als Mitarbeiterin der Frankfurter Zollfahndung heraus. Arenz wurde verhaftet und am 2.11.1939 von der Dritten Großen Strafkammer des Landgerichts Frankfurt zu einer Gesamtstrafe von neun Monaten Gefängnis und 14.000 RM Geldstrafe oder 70 Tagen Haft verurteilt; die Untersuchungshaft wurde angerechnet. In dem Urteil heißt es:

> Bei dem Strafmaß war erschwerend zu berücksichtigen, dass der Angeklagte als gebildeter und in einer angesehenen Stellung befindlicher Mann, weiterhin sogar als Parteigenosse, sich mit Juden in dieser Weise eingelassen und sich dann auch noch mit Handlungen befaßt hat, die eine Schädigung des Reiches enthielten.

Quelle: Hess. HSA Wiesbaden, Abt. 458 a

Ende 1939 kündigte die Westdeutsche Bodenkreditanstalt das Beschäftigungsverhältnis. Die Universität Köln entzog Arenz im März 1941 den Doktorgrad, seine Beschwerde beim Reicherziehungsminister wurde zurückgewiesen. Zugleich erkannte ihm der Diplomprüfungsausschuss der Wirtschafts- und Sozialwissenschaftlichen Fakultät den Diplomgrad ab.

Arenz' Frau bat nach einem ersten abgelehnten Gnadenerweis am 6.3.1940 erneut um vorzeitige Haftentlassung, damit ihr Mann bei der „kriegswichtigen" Firma Max Biertz in Remscheid eingestellt werden könne. 35 Tage der Ersatzfreiheitsstrafe wurden ihm auf drei Jahre zur Bewährung erlassen; am 27.8.1943 erklärte der Oberstaatsanwalt die Geldstrafe für abgebüßt.

Am 6.10.1948 stellte Arenz beim Landkreis Bonn einen Antrag auf Anerkennung als politisch Verfolgter. Über den Ausgang des Verfahrens konnte nichts ermittelt werden.

Quellen:

UAK, Zug. 4/1854; Zug. 70/281; Zug. 29/II Nr. 46.

Hessisches Hauptstaatsarchiv, Wiesbaden: Abt. 458 a, Nr. 1179-1/2 (Staatsanwaltschaft beim LG Frankfurt/Main, Verfahren gegen Michael Arenz wegen Devisenvergehens.)

Dr. phil. Walter Siegmund Selig Auerbach

Ellen Babendreyer

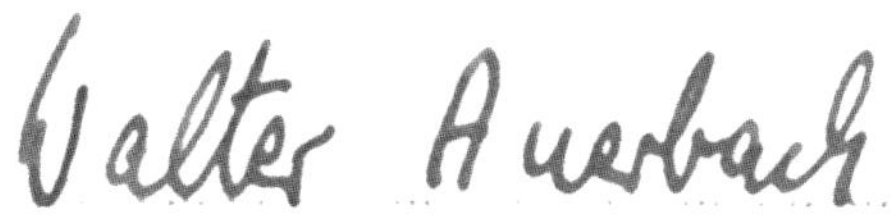

Siegmund Selig Auerbach wurde als viertes von neun Kindern der jüdisch-orthodoxen Eltern Aron und Helene Auerbach am 22.7.1905 in Hamburg geboren. Im Jahr 1926, inzwischen volljährig, nahm er den Rufnamen Walter an und brach etwa zeitgleich mit Elternhaus und Judentum.

Nach dem Abitur an der Oberrealschule vor dem Holstentor in Hamburg im Jahr 1924 begann Auerbach ein Studium der Germanistik, Geschichte und Soziologie zunächst in der Hansestadt Hamburg und wechselte im Frühjahr 1925 an die Albert-Ludwigs-Universität Freiburg/Br. Dort und ab dem Wintersemester 1927/1928 an der Universität Köln konzentrierte er sich zunehmend auf die Fächer Soziologie und Zeitungswissenschaft. Er schloss sein Studium im Frühjahr 1929 mit einer Dissertation zu „Presse und Gruppenbewusstsein" bei Martin Spahn, dem Direktor des Instituts für Zeitungswissenschaft, ab. Die Promotionsurkunde datierte vom 23.11.1931.[65] Spahn bemerkte in seinem Gutachten zur Dissertation, dass „ein zu wissenschaftlichem Denken veranlagter und wirklich begabter Mensch" sie verfasst habe.[66] Siebzig Jahre später urteilte Stefanie Averbeck, dass Auerbachs Doktorarbeit „eine Ausnahmedissertation unter den historiographisch orientierten Kölner Pressedissertationen" dargestellt habe. Er „wandte Kenntnisse in theoretischer Soziologie und Sprachphilosophie auf zeitungswissenschaftliche Fragestellungen an und ging mit diesem Ansatz weit über die quellenkundlichen Ambitionen seines Lehrers Martin Spahn hinaus."[67]

Walter Auerbach, SPD-Mitglied seit 1923, emigrierte im Mai 1933 als politisch und rassisch Verfolgter mit seiner nichtjüdischen Ehefrau in die

---

[65] UAK, Zug. 44/568 und Dissertation (Zug. 44/1109) von Walter Auerbach.

[66] Gutachten Professor Dr. Spahn (ohne Datum) in UAK, Zug. 44/568.

[67] *Stefanie Averbeck:* Kommunikation als Prozess. Soziologische Perspektiven in der Zeitungswissenschaft 1927–1934. Diss. Münster 1999, S. 310.

Niederlande, wo in den Jahren 1933 und 1939 die beiden Töchter Leonore und Irene im Amsterdamer Exil geboren wurden. Mit Verweis auf die Aberkennung seiner deutschen Staatsangehörigkeit vom 25.5.1939 wurde Auerbach „des Tragens seines akademischen Titels unwürdig“[68], so der Beschluss des Entziehungsausschusses der Universität Köln vom 22.6.1939.[69] Ob Auerbach Kenntnis von dieser Maßnahme erhielt, ist nicht überliefert; respektiert hätte er sie nicht. Den Doktortitel führte er jedenfalls auch nach dem 22.6.1939 weiter.

Von 1933 bis 1946 arbeitete Walter Auerbach als Redakteur bei der Internationalen Transportarbeiterföderation (ITF) zunächst in Amsterdam, ab Oktober 1939 nach der Übersiedlung des Generalsekretariats der ITF nach England in Kempston/Bedford und London. Wie zuvor bereits in Berlin war er in beiden Exilländern als persönlicher Sekretär von Anton Reißner, dem SPD-Reichstagsabgeordneten und Vorsitzenden des Gesamtverbandes der Arbeitnehmer der öffentlichen Betriebe und des Personen- und Warenverkehrs, eingebunden in nationale und internationale gewerkschaftliche und sozialdemokratische Kreise. So unterhielt Auerbach z. B. enge beratende Kontakte zur Labour Party und zum britischen Gewerkschaftsverband TUC. Unter dem Decknamen „Walter Dirksen“ verfasste er unter anderem die in mehreren Sprachen von der ITF herausgegebene Publikation „Faschismus“. Ihr Schwerpunkt lag auf der kritischen Darstellung der nationalsozialistischen Sozialpolitik und schloss auch Fragen zur Sozialpolitik in den anderen faschistischen sowie in den von deutschen Truppen besetzten Staaten Europas ein. Auerbach leistete auf diese Weise „mit Feder“[70] und wissenschaftlicher Akribie politischen Widerstand. Er betätigte sich, so die

---

68 Schreiben des Dekans der Philosophischen Fakultät an den Rektor der Universität vom 20.6.1939 in UAK, Zug. 44/568.

69 UAK, Zug. 44/568.

70 Archiv der sozialen Demokratie der Friedrich-Ebert-Stiftung, Bonn, Nachlass Walter Auerbach, Teil 1, Mappe 13: Brief Edo Fimmen [Generalsekretär der ITF] an Walter Auerbach vom 6.1.1939: „und werden den Faschismus auf Papier weiter bekämpfen.“

Begründung der Ausbürgerung durch die Gestapo Berlin, „in hervorragendem Maße in Amsterdam deutschfeindlich".[71]

Auerbachs wissenschaftliche und publizistische Kompetenz in Fragen internationaler Gewerkschaftsarbeit, seine Veröffentlichungen zur nationalen und internationalen Sozialpolitik bei der Internationalen Arbeitsorganisation und zur UN-Charta sowie die Mitwirkung an Programmen für die politische und soziale Neuordnung nach dem Sturz des Hitler-Regimes prädestinierten ihn für Führungspositionen im Nachkriegsdeutschland. Nach der Remigration im Herbst 1946 war er zunächst auf Wunsch der Gewerkschaften Vizepräsident des Zentralamtes für Arbeit (Man-Power Division) in der britisch besetzten Zone in Lemgo. Nach dessen Auflösung im November 1948 berief ihn der damalige Minister für Arbeit, Aufbau und Soziales des Landes Niedersachsen und spätere Ministerpräsident Alfred Kubel (SPD) zum beamteten Staatssekretär in sein Ministerium (1948–1955, 1957–1969). Im Jahre 1969 wechselte Auerbach bis zu seiner Pensionierung im Mai 1971 in gleicher Position in das Bundesministerium für Arbeit und Soziales nach Bonn unter Bundesminister Walter Arendt (SPD). In Kreisen der Sozialdemokratischen Partei Deutschlands und des Deutschen Gewerkschaftsbundes galt er durch seine programmatischen Arbeiten zur Sozialpolitik als sozialpolitischer „Kardinal".[72] Er zählte zu jenen Eliten in der Bundesrepublik, die nie im Rampenlicht standen. Walter Auerbach starb am 23.3.1975 in Bad Godesberg.

---

[71] Politisches Archiv des Auswärtigen Amts, Inland II A/B, 83-76 Ausbürgerungen, R 99788: Brief der Geheimen Staatspolizei, Staatsleitstelle Berlin, an Geheime Staatspolizei, Geheimes Staatspolizeiamt, Berlin, vom 13.2.1939.

[72] Vgl. Nachlass Walter Auerbach, Teil 2/A, Mappe 2: Tagebuch-Aufzeichnung Walter Auerbachs aus dem Jahr 1965.

Publikationen von Walter Auerbach (Auswahl):

(mit Otto Kahn-Freund u. a.): The Next Germany. A Basis of Discussion on Peace in Europe. Harmondsworth 1943.

Sozialpolitik in der Sackgasse. Hamburg 1951.

Mut zur sozialen Sicherheit. Köln 1955.

Sozialplan für Deutschland. Berlin/Hannover 1957.

Vorausschauende Sozialpolitik. München 1964.

Zusammenhänge, Illusion und Wirklichkeit der sozialen Sicherheit. Frankfurt 1968.

Beiträge zur Sozialpolitik. Aufsätze und Vorträge 1948–1970. Neuwied/Berlin 1971.

Literatur:

Biographisches Handbuch der deutschsprachigen Emigration nach 1933. Hg. von Werner Röder, Bd. 1. München u. a. 1980, S. 24.

Dr. jur. Reinhard Bloch

Klaus Luig

Reinhard Bloch wurde am 9.1.1900 in Köln in einer jüdischen Familie geboren. Sein Vater war Versicherungsdirektor bei der Kölnischen Rückversicherung. Nach dem Abitur wurde Bloch im April 1918 zum Heeresdienst eingezogen und im November nach der Kapitulation entlassen. Er nahm 1919 nach Gründung der Universität das Studium der Rechtswissenschaft in Köln auf und bestand am 25.2.1922 das Refendarexamen.

Sein Referendariat leistete Bloch beim Amtsgericht Kerpen, beim Landgericht und der Staatsanwaltschaft Köln sowie bei dem Rechtsanwalt Dr. Richard Speyer und dem Notar Dr. Krebs ab. Bis zur Vorstellung zur Großen Staatsprüfung wurde er schließlich dem Oberlandesgericht Köln zugewiesen. Aufgrund häufiger Erkrankungen bat er um Verlängerung und meldete sich erst 1925 zum Staatsexamen. Während seines Vorbereitungsdienstes bat Bloch mehrfach um die Genehmigung, an der Universität Vorlesungen, vorzugsweise im Wirtschaftsrecht, hören zu dürfen. Am 24.2.1926 legte er die Große Staatsprüfung ab und wurde zum Gerichtsassessor ernannt.

Mit einer Dissertation über „Die Fusion von Versicherungs-Aktiengesellschaften" wurde Bloch am 27.10.1924 von der Rechtswissenschaftlichen Fakultät zum Doctor iuris promoviert. In der Folge nahm er einige Vertretungen von Richterstellen mit Bezahlung und guten Beurteilungen wahr, arbeitete auch kurze Zeit als „Hilfsarbeiter" (d. h. nicht planmäßig Beschäftigter) bei der Staatsanwaltschaft, schied aber schon am 16.8.1926 wieder aus dem Staatsdienst aus und trat in den Dienst der Kölnischen Rückversicherungs-Gesellschaft ein. Am 7.8.1929 bat er den Oberlandesgerichtspräsidenten um Zulassung als Rechtsanwalt beim Landgericht und Amtsgericht Köln. Die Anwaltskammer äußerte sich dazu ablehnend mit der Begründung, aus seinem eigenen Schreiben vom 19.9.1929 gehe hervor, dass er in einem nach der Rechtsanwaltsordnung unzulässigen Abhängigkeitsverhältnis zur Kölnischen Rückversicherungs-Gesellschaft stehe. Hiervon machte der

Präsident des Oberlandesgerichts dem Justizminister Mitteilung, der Bloch daraufhin die Zulassung versagte.

Hierauf beantragte dieser eine Entscheidung im Ehrengerichtlichen Verfahren. Das Ehrengericht bestätigte mit seinem Urteil vom 28.12.1929 die Ablehnung der Zulassung. Dagegen legte Bloch Berufung beim Ehrengerichtshof in Leipzig ein, der schließlich am 28.6.1930 unter Vorsitz von Reichsgerichtspräsident Bumke die Versagung für nicht gerechtfertigt erklärte. Der Ehrengerichtshof war der Ansicht, dass Blochs Stellung bei der Versicherungsgesellschaft genügend hervorgehoben sei, auch wenn er nicht im Vorstand sitze, und dass er durch seine Tätigkeit bei der Versicherung nicht an der Ausübung der freien Rechtsanwaltschaft gehindert sei. Daraufhin wurde Reinhard Bloch am 3.10.1930 als Rechtsanwalt zugelassen.

Bereits am 5.5.1933 traf ihn das von Roland Freisler, damals noch Staatssekretär im Justizministerium, verhängte Vertretungsverbot und am 28.6.1933 die Rücknahme der Zulassung, „weil er nicht arischer Abstammung" sei. Bloch ging nach Paris und arbeitete dort als Handelsvertreter. Nachdem ihn das Reichsinnenministerium auf der Grundlage des Gesetzes über die Aberkennung der deutschen Staatsangehörigkeit ausgebürgert hatte, entzog ihm die Universität Köln am 18.8.1941 die Doktorwürde. Bloch nahm die französische Staatsangehörigkeit an.

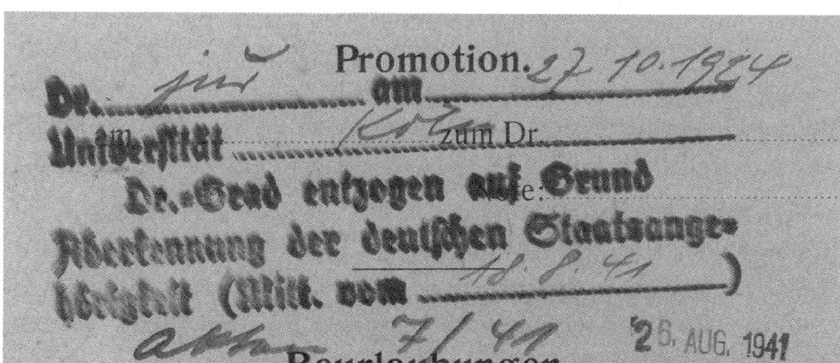

Quelle: UAK, Zug. 600/7

Depromotionsstempel des Studentensekretariats

Nach dem Krieg reichte die United Restitution Organization in Köln (Salierring 21) im Namen von Reinhard Bloch, der immer noch in Paris in der Rue de Londres lebte, einen Rückerstattungsanspruch für den 1942 entzogenen Hausrat einer 5-Zimmer-Wohnung ein. Bloch gab an, dass er deswegen bereits beim Ausgleichsamt Köln einen Entschädigungsantrag gestellt habe. Er betrieb das Verfahren auf Rückerstattung offensichtlich nicht sehr energisch; am 20.7.1961 nahm die United Restitution Organization den Antrag im Namen Blochs zurück. Auf seine Initiative hin erhielt Bloch am 28.7.1967 durch die Rechtswissenschaftliche Fakultät eine neue Urkunde über die Verleihung der rechtswissenschaftlichen Doktorwürde.

Dr. med. Albert Cramer

Anna Ruhland

Albert Cramer wurde am 6.8.1897 in Bonn als Sohn des Kaufmanns Benedikt Cramer geboren. Die jüdische Familie zog 1909 nach Köln, wo Albert das Gymnasium Kreuzgasse besuchte. Nach dem Abitur begann er 1917 ein Medizinstudium in Bonn und wechselte 1920 an die neu gegründete Kölner Universität. Während des Studiums wohnte er bei seinen Eltern in der Christophstraße 26/28.

Cramer promovierte am 30.5.1922 zum Dr. med. und arbeitete danach als praktischer Arzt. Seine Praxis befand sich in der Pantaleonsmühlengasse 15 und ab 1932 in der Friedrichstraße 14. Von 8 bis 10 und 13 bis 15 Uhr empfing er seine Patienten.

In Köln war Cramer zuletzt 1936 gemeldet. Unter dem Druck der nationalsozialistischen ‚Judenpolitik' verließ er Deutschland und emigrierte nach China, in die ‚offene Stadt' Shanghai. Im Januar 1940 wurde er gemeinsam mit seiner Frau Maria Cramer, geb. Mürlebach, ausgebürgert. Am 8.3.1940 entzog ihm die Universität Köln den Doktorgrad.

Shanghai entwickelte sich ab 1937 zum Zufluchtsort für etwa 18.000, meist jüdische Flüchtlinge aus Deutschland, Österreich und Polen. Während westliche Emigrationsländer die Zuwanderung durch restriktive Quotensysteme beschränkten, war für Shanghai keine Einreiseerlaubnis erforderlich. In der Millionenstadt herrschten noch quasi-koloniale Strukturen: Briten, Amerikaner und Franzosen lebten in extraterritorialen Gebieten. Seit 1937 waren Teile der Stadt japanisch besetzt. Hilfsorganisationen errichteten Notunterkünfte und kümmerten sich um die Verpflegung der mittellosen Flüchtlinge. Der Arbeitsmarkt war angespannt, und fast alle EmigrantInnen mussten einen deutlichen sozialen Abstieg hinnehmen. Es gab jedoch eine gute schulische Versorgung sowie kulturelle Angebote. Nach dem Kriegsausbruch im Pazifik 1941 verschlechterte sich die Situation der Flüchtlinge dramatisch. Im Februar 1943 errichteten die Japaner im Stadtteil Hongkew ein Ghetto. Dort lebten die Flüchtlinge gemeinsam mit der chinesischen Bevölkerung in extrem beengten und unhygienischen Verhältnissen bis zum Kriegsende im August 1945. Die Flüchtlingsgemeinde löste sich in den folgenden zehn Jahren fast vollständig auf. Die meisten Menschen wagten einen erneuten Neubeginn in den USA oder in Israel.

Quellen und Literatur:

UAK, Zug. 600/13, 67/1342 und 28/130, Bl. 164.

Armbrüster, Georg, u. a. (Hg.): Exil Shanghai 1938–1947: Jüdisches Leben in der Emigration. Teetz 2000.

Datenbank des NS-Dokumentationszentrums EL-DE-Haus, Köln.

Greven's Adreßbuch für Köln und Umgegend, 1908–1938.

Hepp, Michael (Hg.): Die Ausbürgerung deutscher Staatsangehöriger 1933–1945 nach den im Reichsanzeiger veröffentlichten Listen. München u.a. 1985.

von zur Mühlen, Patrick: Ostasien. In: Handbuch der deutschsprachigen Emigration 1933–1945. Hg. von Claus-Dieter Krohn u. a. Darmstadt 1998, Sp. 336–349.

Dr. jur. Ossip K. Flechtheim

Elke Kochann und Kerstin Theis

Ossip K. Flechtheim gilt nach Mario Keßler als einer der „anregendsten und vielseitigsten Sozialwissenschaftler, die Deutschland im 20. Jahrhundert hervorgebracht hat".[73] In seiner Biographie spiegeln sich die Verwerfungen und Brüche der deutschen Geschichte des vergangenen Jahrhunderts deutlich wider.

Der am 5.3.1909 im ukrainischen Nikolajew bei Odessa geborene Ossip Kurt Flechtheim, Sohn eines Kaufmanns und Neffe des berühmten Kunsthändlers Alfred Flechtheim, siedelte bereits 1910 mit seiner Familie ins westfälische Münster und später nach Düsseldorf um. 1927 bestand er das Abitur mit Auszeichnung an der Düsseldorfer Hindenburgschule und begann sein Studium der Staats- und Rechtswissenschaften in Freiburg, das er in Paris, Heidelberg, Berlin und schließlich in Köln fortsetzte und 1931 mit dem Referendarexamen abschloss.

Als Student näherte Flechtheim sich der KPD an. Insbesondere die KP-Studentengruppe in Berlin prägte ihn und vermittelte ihm enge Kontakte zu Richard Löwenthal, Ernst Engelberg und Nathan Steinberger. 1931 kehrte er der Partei nach einer Moskaureise den Rücken, da sie ihm zu „stalinistisch" geworden war. Der radikalen Linken blieb er indes verbunden und schloss sich der kleinen, überparteilich wirkenden Organisation und illegalen marxistischen Widerstandsgruppe „Neu Beginnen" an, die hauptsächlich aus Intellektuellen bestand. Ihr Name ging auf eine Programmschrift zurück, die Walter Loewenheim im September 1933 unter dem Pseudonym „Miles" veröffentlicht hatte.

[73] *Keßler, Mario:* Geschichte und Futurologie: Ossip K. Flechtheim. In: Ders. Exil und Nach-Exil. Vertriebene Intellektuelle im 20. Jahrhundert. Hamburg 2002, S. 168–173, hier S. 168.

In die Jahre seines Studiums fiel auch Flechtheims Austritt aus der jüdischen Gemeinde. Ihn bewegte zeit seines Lebens kein religiöses Interesse, sondern er definierte sich bewusst als „konfessionsloser" Humanist.

Von 1931 bis 1933 absolvierte Flechtheim sein juristisches Referendariat beim Oberlandesgericht Düsseldorf. 1933 wurde er in Köln Doktorand des bekannten, aber umstrittenen Staats- und Völkerrechtlers Carl Schmitt, durch den er erste politische Repressalien erlitt. Schmitt lehnte Flechtheim aufgrund seiner jüdischen Herkunft und kommunistischen Einstellung ab, warf ihm Inkompetenz in theoretischen Fragen vor und versagte ihm jegliche weitere Förderung. Nach der nationalsozialistischen Machtübernahme wurde Flechtheim aus politischen und rassistischen Gründen auch aus seiner Referendarsstelle verdrängt. Es gelang ihm jedoch noch, am 9.2.1934 über „Hegels Straftrechtstheorie" an der Universität Köln zum Dr. jur. zu promovieren. Die Buchausgabe der Arbeit konnte indes nur noch im Rohrer-Verlag in Brünn/Tschechoslowakei 1936 publiziert werden. Erst 1975 erschien eine Neuauflage bei Duncker & Humblot in Berlin.

Nach einer 16-tägigen Gestapo-Haft im Jahr 1935 verließ Flechtheim Deutschland und floh über Belgien in die neutrale Schweiz. Dank eines Stipendiums am Institut des Hautes Etudes Internationales in Genf konnte er hier einer wissenschaftlichen Assistententätigkeit nachgehen. Emigranten wie Ludwig von Mises, Wilhelm Roepke, Guglielmo Ferrero, der Historiker Carl J. Burckhardt und der Politologe Paul Mantoux waren hier beschäftigt. Engsten Kontakt unterhielt Flechtheim insbesondere zu Hans Mayer und Ernst Engelberg. In diese Zeit fiel auch die Entziehung seines Doktorgrades durch die Universität Köln, die für den 14.4.1938 protokolliert ist. Als Begründung wurde seine Ausbürgerung angeführt. Nur einen Monat später, im Mai 1938, entzog die Universität Köln auch Hans Mayer den Doktortitel.

Der Beginn des Zweiten Weltkriegs erschwerte die Arbeits- und Lebenssituation am Institut in Genf, weshalb Flechtheim 1939 erneut emigrierte. Er ergriff die Chance, die sich ihm durch eine wissenschaftliche Tätigkeit am Institute of Social Research der Columbia University in New York bot, das von Max Horkheimer geleitet wurde und als Nachfolgeeinrichtung des Frankfurter Instituts für Sozialforschung galt. Hier lernte er u. a. Erich Fromm, Herbert Marcuse und Isaac Asimov kennen und begegnete seiner späteren Ehefrau Lili Therese Faktor (1917–2004), der Tochter des Journalisten und Chefredakteurs des „Berliner Börsencouriers" Emil Faktor. Sie heirateten 1942, nachdem Flechtheim seine wissenschaftliche Karriere erfolgreich fortgesetzt hatte. Er lehrte von 1941 bis 1951 an verschiedenen Hochschulen in den Vereinigten Staaten: zunächst bis 1943 am Institute of Political Science an der University of Atlanta in Georgia, später als Assistant Professor am Bates College in Lewiston, Maine sowie am Colby College in Waterville, Maine. Seine theoretische Arbeit reifte durch den Kontakt zur Frankfurter Schule, insbesondere zu Erich Fromm, aber auch durch die Auseinandersetzung mit dem Werk des britischen Historikers Arnold Joseph Toynbee.

Während des Zweiten Weltkriegs trat Flechtheim in die US-Armee ein und kehrte im militärischen Rang eines Oberstleutnants nach Deutschland zurück, wo er als Sektions- und Bürochef beim US-amerikanischen Hauptankläger an den Nürnberger Kriegsverbrecherprozessen teilnahm. 1947 reichte er seine zweite Dissertation über „Die KPD in der Weimarer Republik" an der Universität Heidelberg ein und promovierte zum Dr. phil. 1948 erschien die Arbeit in Buchform und entwickelte sich zu einem Standardwerk der Forschung. Seinen Aufenthalt in Deutschland nutzte Flechtheim für einen Antrag auf Erneuerung seines juristischen Doktordiploms an der Kölner Universität, dem laut Protokoll in der Fakultätssitzung am 10.4.1947 stattgegeben wurde.

Noch im selben Jahr kehrte Flechtheim in die Vereinigten Staaten zurück. 1951 nahm er auf Bitten Otto Suhrs eine Gastprofessur für Politikwissenschaft an der Hochschule für Politik in Berlin (West) an. Ein Jahr später kehrte Flechtheim endgültig nach Deutschland zurück. Lediglich 1954/1955 nahm er noch einmal in den USA eine Gastprofessur an der Universität von Kansas City wahr. Er habilitierte sich 1957 und lehrte erst als Privatdozent, ab 1959 als außerordentlicher Professor an der Freien Universität Berlin. 1961 schließlich wurde Flechtheim ordentlicher Professor für die Wissenschaft von der Politik am Otto-Suhr-Institut, das 1959 aus der Deutschen Hochschule für Politik hervorgegangen war. 1960/1961 amtierte er als Direktor des Instituts, in dem er bis zu seiner Emeritierung im Jahre 1974 wissenschaftlich tätig blieb.

Flechtheim war zeit seines Lebens nicht nur wissenschaftlich tätig, sondern engagierte sich stets auch politisch. 1962 verließ er die SPD, der er sich zehn Jahre zuvor angeschlossen hatte. Als Gründe werden der Ausschluss seines Freundes Wolfgang Abendroth aus der Partei sowie Flechtheims eigene, dezidiert linke Position und Auffassung vom Sozialismus genannt. Er verfocht energisch einen humanen Sozialismus, der links, kritisch, global, demokratisch und ökologisch ausgerichtet sein sollte. Nach seinem Austritt aus der SPD gehörte er dem Sozialistischen Bund und dem linksliberalen Republikaner Club e.V. Berlin an, den er 1967 u. a. gemeinsam mit Hans Magnus Enzensberger begründet hatte. 1981 trat er der Alternativen Liste bzw. den Grünen bei. Darüber hinaus engagierte sich Flechtheim in zahlreichen Organisationen wie beispielsweise in der Humanistischen Union, im deutschen PEN-Zentrum, im Konzil der Friedensforscher, im Kuratorium der Deutschen Gesellschaft für Friedens- und Konfliktforschung sowie als Gründungsmitglied und Vizepräsident der Internationalen Liga für Menschenrechte. Im Mai 1986 verlieh ihm die Humanistische Union den Fritz-Bauer-Preis. 1989 ehrten ihn die FU Berlin mit der Ehrendoktorwürde und der Berliner Senat mit der Ernst-Reuter-Medaille.

Flechtheim, der sich aus grundsätzlichen Erwägungen heraus stets gegen die Verleihung des Bundesverdienstkreuzes gewehrt hatte, gehörte wie Ernst Fraenkel und Richard Löwenthal zu jener Generation profilierter Professoren, die nach dem Zweiten Weltkrieg die noch junge Disziplin der Politikwissenschaft in der Bundesrepublik Deutschland etablierte und prägte. Bereits 1943 und 1945 publizierte Flechtheim zwei Aufsätze in amerikanischen Zeitschriften (Teaching the future! In: Journal of Higher Education, wiederveröffentlicht als History and Futurology, Meisenheim 1966), die ihn, gemeinsam mit dem deutschen Exilanten Robert Jungk, zum Begründer einer neuen Disziplin, der Futurologie, werden ließen. Flechtheim propagierte hier eine wissenschaftliche Erforschung der Zukunft, die in seiner Sicht auf den drei Säulen der Futuristik, Prognostik und Planung beruhte. Besonderes Augenmerk legte er dabei auf die Futuristik, die sich für ihn aus der Philosophie, Politik und Pädagogik zusammensetzte. In scharfer Opposition zu konservativen Vertretern seines Fachs verstand er die Futurologie als eine kritische Disziplin, die er als „eine Gesamtschau möglicher, wahrscheinlicher, insbesondere aber auch wünschenswerter Zukünfte" (Ausschau halten nach einer besseren Welt, 1991, S. 165) definierte. Überdies arbeitete er besonders zur Geschichte des Parlamentarismus und zur Geschichte der politischen Parteien. Flechtheim wird häufig als eine der Leitfiguren der deutschen Studentenbewegung und als politischer Ziehvater von Rudi Dutschke bezeichnet. Sein Schulfreund, der Politikwissenschaftler John H. Herz, charakterisierte ihn als „exemplarischen Intellektuellen" (europäische ideen, Heft 69 [1989], S. 3).

Ossip K. Flechtheim starb einen Tag vor seinem 89. Geburtstag, am 4.3.1998, in seiner Wahlheimat Berlin und wurde neben seinen langjährigen politischen Weggefährten Brigitte und Helmut Gollwitzer sowie Rudi Dutschke bestattet.

Seit 2003 verleiht der Humanistische Verband Deutschlands zu Ehren Flechtheims den Ossip K. Flechtheim-Preis, einen Menschenrechtspreis für besondere Leistungen bei der Förderung von Aufklärung, Toleranz und Selbstbestimmung in der bundesdeutschen Gesellschaft.

Nachlass

Der Nachlass von Ossip K. Flechtheim (1909–1998) befindet sich in der Exilsammlung der Deutschen Bibliothek, Deutsches Exilarchiv 1933–1945, Frankfurt am Main unter der Signatur EB 98/179. Der Nachlass von Lili Therese Flechtheim-Faktor hat die Signatur EB 2002/002.

Publikationen von Ossip K. Flechtheim (Auswahl):

Die Kommunistische Partei Deutschlands in der Weimarer Republik. Offenbach 1948, ^{3}1976.

Politik als Wissenschaft. Berlin 1953.

Die deutschen Parteien seit 1945. Berlin 1955, ^{2}1957.

Grundlegung der politischen Wissenschaft. Meisenheim am Glan 1958 (am.: Fundamentals of Political Science. New. York 1952).

(Hg.): Dokumente zur parteipolitischen Entwicklung in Deutschland seit 1945, 9 Bde., (1962–1971).

Von Hegel zu Kelsen. Rechtstheoretische Aufsätze. Berlin 1963.

Weltkommunismus im Wandel. Köln 1965.

Bolschewismus 1917–1967. Von der Weltrevolution zum Sowjetimperium. Wien u. a. 1967.

Futurologie. Möglichkeiten und Grenzen. Frankfurt 1968.

Futurologie. Der Kampf um die Zukunft. Köln 1970.

Futurologie als dritte Kraft. Zürich 1973.

(Hg.): Die Parteien der Bundesrepublik Deutschland. Hamburg 1973.

Ausblick in die Gegenwart. München 1974.

Zeitgeschichte und Zukunftspolitik. Hamburg 1974.

Von Marx bis Kolakowski, Sozialismus oder Untergang in der Barbarei? Köln 1978.

Grundlagen der Futurologie. Bonn 1980.

(mit Wolfgang Rudzio u. a.): Der Marsch der DKP durch die Institutionen. Sowjetmarxistische Einflußstrategien und Ideologien. Frankfurt 1980.

Ist die Zukunft noch zu retten? Hamburg 1987.

Literatur:

Fenner, Christian/Blanke, Bernhard (Hg.): Systemwandel und Demokratisierung. Festschrift für Ossip K. Flechtheim. Frankfurt 1975.

Fromm, Eberhard: Vater der Futurologie – Ossip K. Flechtheim. In: Berlinische Monatsschrift Heft 3 (1999), S. 50–57.

Funke, Hajo: Ossip K. Flechtheim (Nicolayew/Münster/Watervielle/Berlin): „In unserer Familie war kein Platz für Patriotismus." In: Ders.: Die andere Erinnerung. Gespräche mit jüdischen Wissenschaftlern im Exil. Frankfurt 1989, S. 422-439.

International Biographical Dictionary of Central European Emigrés 1933–1945. Hg. von Werner Röder und Herbert A. Strauss. Bd. II,1, München u. a. 1983, S. 302 f.

Keßler, Mario: Geschichte und Futurologie: Ossip K. Flechtheim. In: Ders. Exil und Nach-Exil. Vertriebene Intellektuelle im 20. Jahrhundert. Hamburg 2002, S. 168–173.

Dr. med. Alwin Kresse

Andreas Freitäger

Alwin Kresse wurde am 21.1.1895 in Köln-Deutz als Sohn eines Chemikers geboren. Nach dem Besuch des Realgymnasiums in Köln-Nippes und der Reifeprüfung begann er, zum Sommersemester 1915 Medizin an der Rheinischen Friedrich-Wilhelms-Universität Bonn zu studieren, immatrikulierte sich aber am 25.9.1919 an der neu gegründeten Universität Köln. Hier erwarb er mit einer Dissertation „Über einen Fall follikulärer Keratose mit Haarausfall" am 26.7.1921 den Doktorgrad und ließ sich um 1927 als praktischer Arzt in Kalk nieder, wo er den Akten zufolge hohes Ansehen in der ärmeren Bevölkerung genoss. Allerdings stand er mehrfach in dem Verdacht, seit dem Jahre 1932 Abtreibungen durchgeführt zu haben.

Am 2.12.1938 verurteilte die Dritte Große Strafkammer des Landgerichts Köln Kresse wegen Vergehens nach § 175 zu zwei Monaten und drei Wochen Gefängnis, die durch die Untersuchungshaft bereits verbüßt waren. Die verurteilten Delikte lagen damals bereits zwei bzw. drei Jahre zurück. Weitere Handlungen vor der Verschärfung des § 175 zum 1.9.1935 blieben unberücksichtigt. Auf die Mitteilung des Polizeipräsidenten hin beurteilte jedoch Universitätsrat Wolfgang Utendörfer Kresse als „einen kriminell Homosexuellen [...], bei dem ständige Rückfälle zu befürchten sind". Er halte daher „die Entziehung des Doktorgrades für angebracht". Der Entziehungsbeschluss der Universität Köln wurde Kresse am 18.4.1939 mitgeteilt, der daraufhin Beschwerde beim Reichserziehungsminister einlegte. Kresses Anwalt führte aus:

> *„Die Verfehlungen des Beschwerdeführers liegen schon längere Zeit zurück. Wie sich auch aus dem Strafmaß der Strafkammer ergibt, sind es keine schweren Verfehlungen gewesen. [...], insbesondere sind aber auch die Verfehlungen der Öffentlichkeit nicht bekannt geworden und wenn sie überhaupt bekannt geworden wären, würden sie nicht so schwerwiegend sein, dass dadurch der Beschwerdeführer unwürdig ist in Zukunft den Doktortitel zu führen, zumal ja auch seine Standesbehörde bisher in keiner Weise etwas gegen den Beschwerdeführer unternommen hat."*

Noch während des laufenden Beschwerdeverfahrens wurde Alwin Kresse durch das Kölner Schwurgericht wegen vollendeter und versuchter „gewerbsmäßiger Abtreibung" in drei Fällen bzw. einem Fall zu einer Zuchthausstrafe von zweieinhalb Jahren und Verlust der bürgerlichen Ehrenrechte auf fünf Jahre verurteilt. Das Widerspruchsverfahren wurde daher nicht weiter verfolgt, sondern den Hochschulen per Rundschreiben die Aberkennung von Kresses Doktorgrad wegen gewerbsmäßiger Abtreibung mitgeteilt. Im Februar 1940 entzog ihm der Regierungspräsident die Bestallung

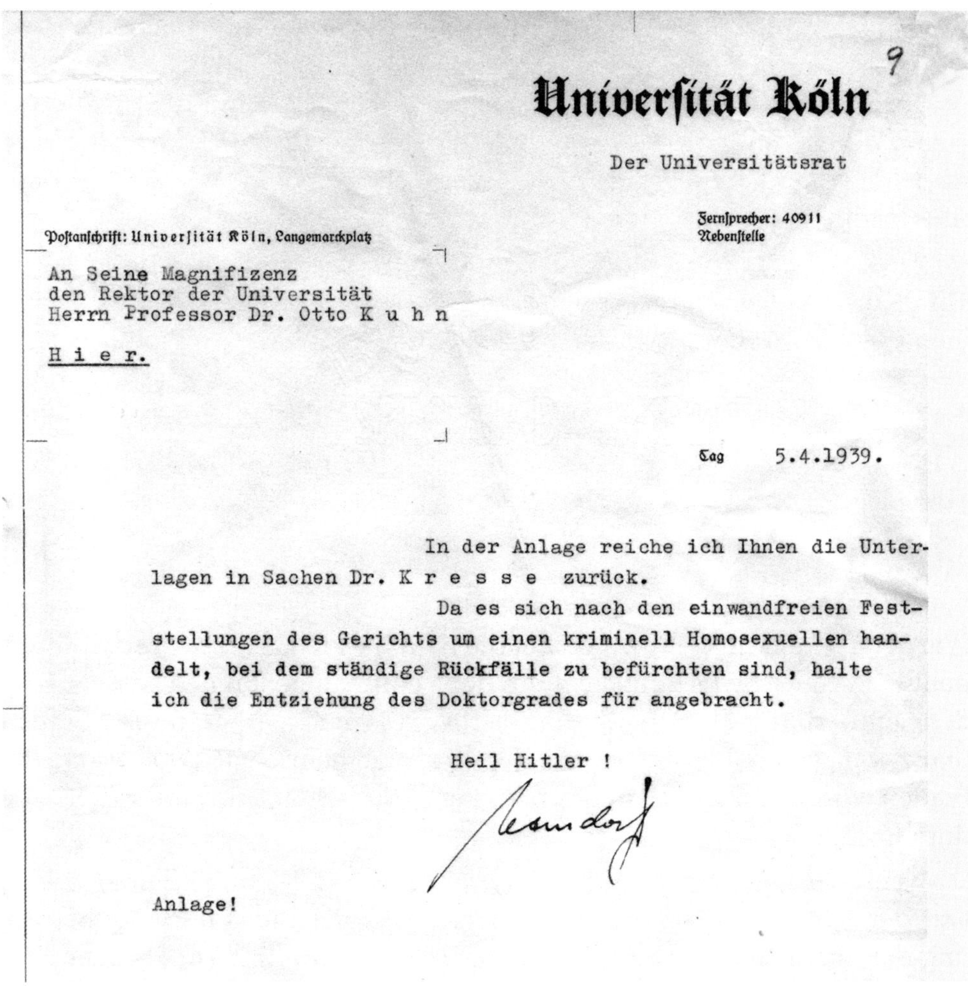

9

Universität Köln

Der Universitätsrat

Postanschrift: Universität Köln, Langemarckplatz

Fernsprecher: 40911
Nebenstelle

An Seine Magnifizenz
den Rektor der Universität
Herrn Professor Dr. Otto K u h n

H i e r.

Tag 5.4.1939.

In der Anlage reiche ich Ihnen die Unterlagen in Sachen Dr. K r e s s e zurück.

Da es sich nach den einwandfreien Feststellungen des Gerichts um einen kriminell Homosexuellen handelt, bei dem ständige Rückfälle zu befürchten sind, halte ich die Entziehung des Doktorgrades für angebracht.

Heil Hitler !

[Unterschrift]

Anlage!

Quelle: UAK Zug. 386/318

als Arzt. Im Jahre 1946 erklärten die Frauen, deren Abtreibungen Gegenstand des Verfahrens gewesen waren, an Eides statt, dass ihre damaligen Aussagen unter dem Zwang der Gestapo zustande gekommen seien.

Der Entnazifizierungs-Ausschuss des Stadtkreises
Ortsausschuss
Köln-Humboldt

Köln-Kalk, den 6.4.1946

Herrn Dr. Kresse, früher wohnhaft Köln-Kalk, Kalker Hauptstr. 71, bescheinigen wir, dass er stets ein Antifaschist gewesen ist und immer gegen die Naziideologie gearbeitet hat.
Er ist aus diesem Grunde von der Partei und der Gestapo ständig unter Druck gesetzt worden und man hat alles getan, ihn unmöglich zu machen, dies ist ihnen dann auch gelungen.
Dass man den Herrn Dr. Kresse wegen Abtreibung verurteilte, wurde von uns allgemein bedauert, aber die Erpressermethoden der vernehmenden Polizei wehrlosen Frauen gegenüber konnte zu keinem anderen Ergebnis führen. Heute würde derartiges wohl unmöglich sein.
Die Bevölkerung von Köln-Kalk würde es freudig begrüssen, wenn Herr Dr. Kresse seine Tätigkeit wieder aufnehmen würde.

Hochachtungsvoll!
gez.: Adam Kurz

[Siegel:
Ortsausschuss Köln-Humboldt-Kolonie. Vorsitzender, Grembergerstr. 52]

Quelle: UAK Zug. 386/319

Wie oben bereits ausgeführt, verlief die nationalsozialistische Abtreibungspolitik zweigleisig: Es ging nicht um den Schutz ungeborenen Lebens; sondern ein striktes Abtreibungsverbot für „arische“, „erbgesunde“ Frauen und Zwangsabtreibungen an aus der „Volksgemeinschaft“ ausgegrenzten Frauen wurden nebeneinander praktiziert. Dies schlägt auch im Fall Kresse durch.

Nach Verbüßung der Strafhaft war Kresse seit 1943 unter dem Betriebsarzt der Kölner Ford-Werke, Dr. Wenzel, mit der medizinischen Betreuung der ausländischen ZwangsarbeiterInnen beschäftigt. Im Rahmen dieser Tätigkeit führten beide auch Abtreibungen durch, die nach dem Ende des Zweiten Weltkriegs in Wenzels Entnazifizierungsverfahren untersucht wurden.

Eine Überprüfung der Verurteilung von 1939 durch die Zweite Strafkammer des Landgerichts Köln mündete am 10.1.1949 in die Herabsetzung des Strafmaßes und Aufhebung der Nebenstrafe gemäß § 33 (Verlust der bürgerlichen Ehrenrechte). Am 26.10.1949 erteilte der Sozialminister des Landes Nordrhein-Westfalen Kresse wieder die ärztliche Approbation. Die Universität verweigerte ihm jedoch die Wiederzuerkennung des Doktortitels und bekräftigte ihren Beschluss. Ein Gutachten des Kultusministeriums stellte allerdings die Nichtigkeit dieses Beschlusses fest und empfahl die Erneuerung des Grades, da nach dem Sachstand eine Unwürdigkeit nicht zu erkennen sei.

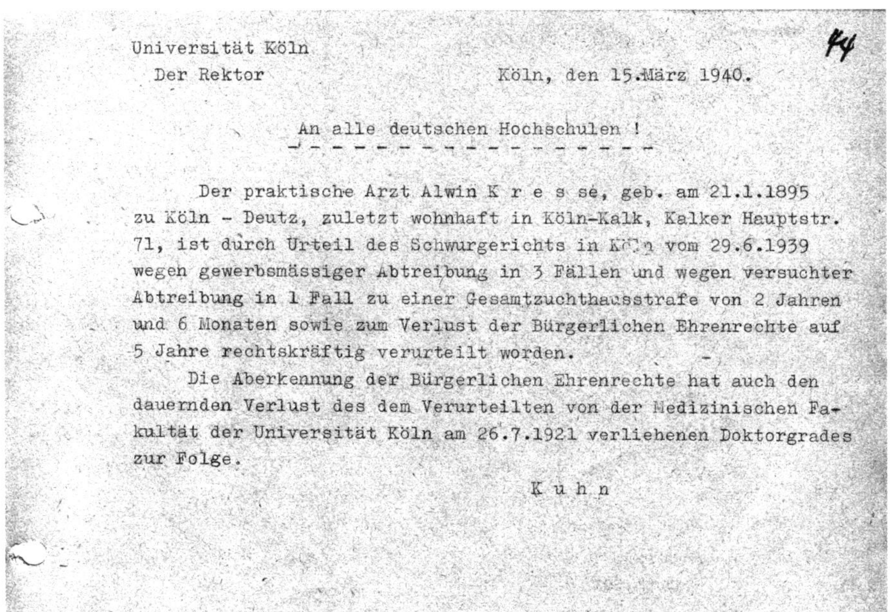

44

Universität Köln
Der Rektor

Köln, den 15.März 1940.

An alle deutschen Hochschulen !

Der praktische Arzt Alwin K r e s se, geb. am 21.1.1895 zu Köln - Deutz, zuletzt wohnhaft in Köln-Kalk, Kalker Hauptstr. 71, ist durch Urteil des Schwurgerichts in Köln vom 29.6.1939 wegen gewerbsmässiger Abtreibung in 3 Fällen und wegen versuchter Abtreibung in 1 Fall zu einer Gesamtzuchthausstrafe von 2 Jahren und 6 Monaten sowie zum Verlust der Bürgerlichen Ehrenrechte auf 5 Jahre rechtskräftig verurteilt worden.

Die Aberkennung der Bürgerlichen Ehrenrechte hat auch den dauernden Verlust des dem Verurteilten von der Medizinischen Fakultät der Universität Köln am 26.7.1921 verliehenen Doktorgrades zur Folge.

K u h n

Quelle: UAK Zug. 386/318

Die Sache blieb bis 1962 auf der Tagesordnung, als Alwin Kresses Bruder Hans an den Universitätsrichter schrieb: *„Ich möchte mal anfragen, wann nun endlich die Angelegenheit meines Bruders Dr. A. Kresse geprüft wird, ob ihm der Dr.-Titel zu Recht oder Unrecht aberkannt wurde. Ich habe Zeit, ich werde aber nie Ruhe geben und es als Gewaltanwendung betrachten, wenn nicht verhandelt wird. Immer wieder werde ich die Ungerechtigkeit in aller Öffentlichkeit documen-*

tieren, auch wenn ich 80 Jahre alt bin, jetzt bin ich bald 70." Universitätsrichter Finck legte diesen Brief zu den Akten und qualifizierte den Schreiber als Querulanten.

Köln, den 3.9.1946
Riehler Wall 6

Von sich aus erscheint wegen Abgabe einer eidesstattlichen Erklärung zu Gunsten des Herrn Dr. med. Alwin Kresse, Alpenrath, Sieg-Kreis, Kirchsstrasse 31, Frau Käthe Klemmer, Köln-Frankenforst 82, und gibt zu Protokoll:

Eidesstaatliche Erklärung!
Im Jahre 1939 wurde ich durch die Gestapo in einer Abtreibungssache vernommen und stark unter Druck gesetzt. Man kündigte mir Verhaftung an und sagte mir, dass Herr Dr. Kresse ein volles Geständnis ablegt hätte, nur unter diesem Druck kam meine Aussage zustande.
Heute in der Lage, vollkommen frei mich zu äußern, erkläre ich an Eides Staat, dass mein damaliges Geständnis wider besseres Wissen erfolgte, um der drohenden Verhaftung zu entgehen.

gez. Käthe Klammer
Abschrift

Quelle: UAK Zug. 386/319

Eidesstattliche Erklärung einer Zeugin im Prozess gegen Kresse

Quellen:

UAK, Zug. 600/44; Zug. 386/318–319; Zug. 67/1368c.

Literatur:

Research Findings About Ford-Werke Under the Nazi Regime. Published by Ford Motor Company 2001. (URL: http://media.ford.com/events/pdf/0_Research_Finding_Complete.pdf ; acc. 22.9.2005). Einschlägig Kapitel 7, S. 45-72.

Dr. phil. habil. Paul Ludwig Landsberg

Kerstin Theis und Raymond Alain Twiesselmann

Paul Ludwig Landsberg wurde am 3.12.1901 in Bonn als Sohn von Anna (geb. Silverberg, 1878–1938) und Ernst Landsberg (1860–1927) geboren. Sein Vater war der renommierte Professor für Rechtsgeschichte, der als einziger Jude vor 1945 das Amt des Rektors der Rheinischen Friedrich-Wilhelms-Universität Bonn bekleidet hatte. Die Erfahrungen des Antisemitismus an der Bonner Universität bewogen den Vater, der selbst seinem jüdischen Bekenntnis treu blieb, dazu, seinen Sohn evangelisch taufen zu lassen.

Paul Ludwig Landsberg wuchs als überzeugter Christ auf und beschäftigte sich intensiv mit christlicher Theologie und Philosophie. Im Mittelpunkt seines philosophischen Denkens standen die Selbstauffassung des Menschen und sein Verhältnis zur Welt. Er studierte zunächst bei Edmund Husserl und Martin Heidegger in Freiburg und wechselte dann nach Köln zu Max Scheler. Schon vor seiner Promotion erlangte Landsberg aufgrund seines Buchs „Die Welt des Mittelalters und wir" (1922) Bekanntheit. Die Studie erregte Aufsehen, da sie nicht nur, wie der Untertitel besagte, einen „geschichtsphilosophischen Versuch über den Sinn eines Zeitalters" darstellte, sondern den Zeitgenossen zugleich das Mittelalter als Vorbild für ihr eigenes Denken und Leben vorführte. Am 12.2.1923 promovierte Landsberg schließlich in Köln zum Dr. phil. mit einer Arbeit über „Wesen und Bedeutung der platonischen Akademie".

Als 27-Jähriger habilitierte sich der begabte Philosoph 1928 mit einer Arbeit über Augustinus und lehrte als Privatdozent in Bonn. Er führte hier die Ansätze einer philosophischen Lehre des Menschen fort und galt als Nachfolger seines Lehrers Max Scheler. Aufgrund der Entwicklungen in Deutschland 1933 sah Landsberg für sich in seiner Heimat keine Zukunft mehr und fasste bereits im Frühjahr den Entschluss, gemeinsam mit seiner Verlobten Magdalena Hofmann († 1954) zu emigrieren. Er hatte sie während seiner Studienzeit in Bonn kennen gelernt; das Paar heiratete am 27.7.1933 in Zürich. Am 12.9.1933 wurde Landsberg wegen seiner jüdischen Abstammung die universitäre Lehrbefugnis entzogen.

Landsberg emigrierte über die Schweiz nach Frankreich und später nach Spanien, wo er von 1934 bis 1936 an den Universitäten von Barcelona und Santander lehrte. Er unterhielt enge Kontakte unter anderem zu Pablo Picasso und Ortéga y Gasset. Aufgrund des Spanischen Bürgerkriegs musste Landsberg erneut nach Frankreich ausweichen. Er erhielt einen Lehrauftrag an der Pariser Sorbonne und beteiligte sich aktiv an der Volksfront.

Quelle: Edizioni San Paolo, Cinisello Balsamo (MI)

In Paris fand er 1936 Anschluss an die Kreise um Jean Wahl. Landsbergs Theorie des Engagements fand zudem ein großes Echo bei den so genannten Personalisten, die sich um den katholischen Philosophen Emmanuel Mounier und die Zeitschrift *Esprit* gruppierten. Hierin publizierte er eine Reihe von Artikeln, unter anderem eine viel beachtete Auseinandersetzung mit den moralischen Implikationen des Selbstmords. Überdies arbeitete er zur philosophischen Anthropologie und inneren Erfahrung des Menschen sowie zur Thematik des Todes und der Todeserfahrung. Am 14.4.1939 entzog die Universität Köln Paul Ludwig Landsberg nach seiner Ausbürgerung die Doktorwürde.

Im Mai 1938 nahm sich Landsbergs Mutter Anna das Leben: Sie hatte einen Ausreiseantrag gestellt, um ihre Geschwister in der Schweiz und ihren Sohn in Frankreich besuchen zu können; der Antrag wurde abgelehnt. Wie alle emigrierten Deutschen wurde Landsberg nach Ausbruch des Zweiten Weltkriegs von den Franzosen interniert. Mit Hilfe französischer Freunde konnte er der ersten Verfügung, die alle deutschen Männer betraf, entgehen. Infolge der zweiten Internierungswelle wurde das Ehepaar Landsberg in getrennte Lager gebracht: Paul Ludwig in die Bretagne, Magdalena nach Gurs in Südfrankreich. Nach der französischen Niederlage 1940 gelang ihm die Flucht in den unbesetzten Teil Frankreichs, wo er, nachdem er seine Frau dort wiedergefunden hatte, in Pau unter dem falschen Namen Paul Richert lebte. Ein Polizeipräfekt hatte ihm kurz zuvor einen französischen Pass auf diesen Namen ausgestellt, mit der Berufsbezeichnung Arzt und der Herkunftsregion Elsass. Für seine Ausreise in die USA hatten Freunde alles in Frankreich vorbereitet, die Papiere lagen bereit. Landsberg jedoch beschloss, in der Nähe der Anstalt zu bleiben, in der seine schwer erkrankte Frau nach dem psychischen Schock der Internierung behandelt wurde. Wegen seines Engagements in der Résistance wurde er im März 1943 denunziert und von der Gestapo verhaftet, doch blieb seine wahre Identität unerkannt. Zunächst lange Zeit in Pau, Lyon und Bordeaux inhaftiert, wurde Landsberg schließlich ins KZ Oranienburg-Sachsenhausen verschleppt, wo er am 2.4.1944 völlig entkräftet an den Folgen einer Tuberkuloseerkankung starb.

Paul Ludwig Landsbergs Grab ist unbekannt. 1948 errichtete ihm die Universität Bonn eine Gedenktafel auf dem Friedhof in Bonn-Poppelsdorf. Das dortige Familiengrab wurde 1967 jedoch aufgelöst. Die Gedenktafel für Paul Ludwig Landsberg ist seitdem verschwunden.

Publikationen von Paul Ludwig Landsberg (Auswahl)

Die Welt des Mittelalters und wir. Ein geschichtsphilosophischer Versuch über den Sinn eines Zeitalters. Bonn 1922.

Wesen und Bedeutung der Platonischen Akademie. Eine erkenntnissoziologische Untersuchung (Schriften zur Philosophie und Geschichte). Bonn 1923.

Kirche und Heidentum. In: Hochland 21,1 (1923), S. 53–63.

Pascals Berufung. Bonn 1929.

Einführung in die philosophische Anthropologie. Frankfurt 1934.

Die Erfahrung des Todes. Luzern 1937.

Literatur:

Albert, Karl: Paul Ludwig Landsberg über den Tod. In: Ders. (Hg.): Philosophie im Schatten von Auschwitz. Edith Stein – Theodor Lessing – Walter Benjamin – Paul Ludwig Landsberg. Dettelbach 1995, S. 97–120.

Borchard, Klaus (Hg.): Opfer nationalsozialistischen Unrechts an der Universität Bonn. Gedenkstunde anlässlich der 60. Wiederkehr der Reichspogromnacht (Alma Mater – Beiträge zur Geschichte der Universität Bonn 80). Bonn 1999, S. 21.

International Biographical Dictionary of Central European Emigrés 1933–1945 (Biographisches Handbuch der deutschsprachigen Emigration nach 1933). Hg. von Werner Röde und Herbert A. Strauss. Bd. II, 2, München 1983, S. 687.

Lenzen, Verena: Exilforschung: Paul Ludwig Landsberg – ein Name in Vergessenheit. In: Exil 1 (1991), S. 5–22.

Moebius, Stephan: Paul Ludwig Landsberg – ein vergessener Soziologe? Zu Leben, Werk, Wissens- und Kultursoziologie Paul Ludwig Landsbergs. In: Sociologia Internationalis. Internationale Zeitschrift für Soziologie, Kommunikations- und Kulturforschung 41,1 (2003), S. 77–112.

Rechts- und Staatswissenschaftliche Fakultät der Rheinischen Friedrich-Wilhelms-Universität in Bonn (Hg.): Gedächtnisschrift für Prof. Dr. Ernst Landsberg (1860–1927), Frau Anna Landsberg geb. Silverberg (1878–1938), Dr. Paul Ludwig Landsberg (1901–1944). Bonn 1953.

Siebeke, Marietta: Paul Ludwig Landsberg (1901–1944) – ein Exilkrimi. April 2001. In: www.dhm.de/lemo/forum/kollektives_gedaecht-nis/210/index.html (acc. 10.10.2005).

Dr. jur. Hans Adolf Löwendahl

Katja Durschang, Anika Risse und Anna Ruhland

Hans Adolf Löwendahl wurde am 17.2.1905 in Köln als Sohn von Richard Löwendahl und Toni Ullmann geboren. Er besuchte die Schule in Köln, Wickersdorf bei Saalfeld und Jena, wo er 1923 die Reifeprüfung ablegte. Danach studierte Löwendahl Rechtswissenschaft an den Universitäten Hamburg (bis 1924) und Frankfurt, wo er nach dem ersten Staatsexamen 1928 auch sein Referendariat begann. 1929 ging er als Referendar nach Köln und promovierte dort am 27.7.1932 über „Die Störung der öffentlichen Ordnung nach dem künftigen StGB (Entwurf von 1927)".

1933 wurde Löwendahl noch zum Assessorexamen zugelassen, jedoch kurz vor der mündlichen Prüfung verhaftet. Seit 1923 aktives Mitglied der KPD, hatte er sich Ende 1928 der KPO (Kommunistische Partei Deutschlands/Opposition) angeschlossen. Die KPO hatte sich von der KPD abgespalten, da sie den von der Komintern verordneten Kurs, die SPD als „sozialfaschistische" Partei anzuprangern und sie zum politischen Hauptgegner zu erklären, nicht mittragen wollte. Selbst unter dem Druck interner Spannungen stehend, umfasste die Partei Anfang 1933 rund 3000 Mitglieder und stellte somit die zweitgrößte der linken sog. „Zwischengruppen" zwischen SPD und KPD dar. Seit Ende 1932 bereitete sie sich organisatorisch auf die Illegalität vor. Am Tag nach dem Reichstagsbrand teilte sie ihre Führungsspitze in eine Inlands- („Berliner Komitee") und eine Auslandsleitung (Auslandskomitee unter Heinrich Brandler und August Thalheimer in Straßburg bzw. Paris, ab 1939 in Stockholm). Regionale Schwerpunkte besaß die KPO in Berlin und Mitteldeutschland, aber auch im Rhein-Ruhr-Gebiet.

Unter den Opfern der Verhaftungswelle vom Frühjahr 1933, in der die KPO etwa ein Fünftel ihrer Mitglieder verlor, befand sich auch Löwendahl. Er wurde am 15.10. verhaftet und einen Monat später aus dem Vorbereitungsdienst entfernt. Eine Anklage wegen Hochverrats kam jedoch nicht zustande: Das OLG Hamm sprach ihn am 11.7.1934 frei, Löwendahl setzte seine illegale Tätigkeit als zentraler Kurier der KPO fort. Am 23.1.1937 wurde er von der Gestapo in Berlin festgenommen und durch schwere Folterungen zu Geständnissen erpresst, in deren Folge die Inlandsleitung verhaftet und schließlich die gesamte Organisation der KPO zerschlagen wurde. Der Berliner Volksgerichtshof klagte Löwendahl am 10.9. des Hochverrats unter erschwerenden Umständen an und verurteilte ihn zwei Monate später, am 10.11., zu zehn Jahren Zuchthaus und ebenso langem Ehrverlust. Die Universität Köln entzog ihm die juristische Doktorwürde am 21.12.1937.

Löwendahls zuletzt bekannter Wohnsitz in Köln war Theresienstraße 86. Er war zuletzt im KZ Auschwitz inhaftiert. Dort wurde er ermordet und am 8.5.1945 für tot erklärt.

Quellen:

NS-Dokumentationszentrum, Köln: HStD Rw 58/63057.
UAK, Zug. 28/129–138; Zug. 42/3160.

Literatur:

Bergmann, Theodor: „Gegen den Strom". Zur Geschichte der Kommunistischen Partei-Opposition. Hamburg 1987.

Foitzik, Jan: Zwischen den Fronten. Zur Politik, Organisation und Funktion linker politischer Kleinorganisationen im Widerstand 1933 bis 1939/40. Bonn 1986.

Tjaden, Karl Heinz: Struktur und Funktion der ‚KPD-Opposition' (KPO). Eine organisatorische Untersuchung zur ‚Rechts'-Opposition im deutschen Kommunismus zur Zeit der Weimarer Republik. Meisenheim am Glan 1964.

Dr. jur. Hans Mayer

Stefan Biber und Martin Glaßner

„Ich bin ein deutscher Universitätsprofessor und ein deutscher Schriftsteller. Deutscher bin ich nicht mehr und kann es nicht mehr sein." Nach dem Zivilisationsbruch Auschwitz, der im Mittelpunkt seines Denkens stand, war dem Schriftsteller, Literaturwissenschaftler und -kritiker Hans Mayer keine bruchlose Identifikation mit Deutschland mehr möglich: *„Ein geschichtliches Datum wie der 30.1.1933 [...] hat den Widerruf dessen bedeutet, was man als deutsch-jüdische Symbiose zu bezeichnen pflegt. [...] Der Widerruf hat alles zunichte gemacht, was an Toleranzversprechen und Gleichberechtigungshoffnungen jemals [...] existiert(e)."*[74]

Hans Mayer wurde am 19.3.1907 in Köln in einer großbürgerlichen jüdischen Familie als Sohn von Rudolf Mayer und seiner Frau Ida, geb. Wachmann, geboren. Kindheit und Jugend verlebte er in Ehrenfeld. Nach dem Abitur 1925 immatrikulierte er sich eher unschlüssig für ein Jurastudium an der Universität Köln und notierte später in seinen Erinnerungen: „Also Jurist. Es war von Anfang an gleichfalls auf Widerruf angelegt."[75] Während er sein Studium eher lustlos absolvierte, entwickelte Mayer ein starkes Interesse für Politik und Gesellschaftskritik: Hatte er seine bürgerliche Herkunft und Lebenswelt immer als beengend empfunden, so bedeutete die Lektüre von Georg Lukács' „Geschichte und Klassenbewusstsein" (1923) für ihn ein Erweckungserlebnis, das ihn dem Marxismus annäherte. Hans Mayer engagierte

[74] *Hans Mayer:* Der Widerruf. Über Juden und Deutsche. Frankfurt 1994, S. 430, 441.

[75] *Hans Mayer:* Ein Deutscher auf Widerruf. Erinnerungen I. Frankfurt 1982, S. 65.

sich politisch in der Vereinigung Sozialistischer Studenten (VSS), der SPD, der linkssozialistischen SAP und der KPO. 1930 wurde er Herausgeber des „Roten Kämpfer".[76] Wie zahlreiche Linksintellektuelle der Weimarer Republik stand er politisch zwischen der SPD und der KPD: Die SPD, die das autoritäre Präsidialkabinett Brünings tolerierte, empfand er als verbürgerlicht, die KPD als stalinistisch.

> *„Die Doktorarbeit wurde im Sommersemester 1930 von der Fakultät angenommen, ich bestand die mündliche Prüfung, hatte dann aber während des übrigen Jahres 1930 so viel zu tun mit meinem Doppelleben als Gerichtsreferendar und als Roter Kämpfer, daß ich erst im Frühjahr 1931 dazu kam, die Arbeit für den Druck vorzubereiten. Erst nach Aushändigung der gedruckten Exemplare erhielt man das Diplom, durfte dann erst den Titel führen. Fünfzig Jahre später, am 1.9.1981, wurde mir das Diplom erneuert von der Kölner Fakultät. (Erinnerungen I, S. 147)"*

Den Aufstieg des Nationalsozialismus erlebte Mayer schmerzhaft am eigenen Leibe: Nach dem Ersten juristischen Staatsexamen wurde er Gerichtsreferendar und nahm 1929 als Beisitzer an einem Prozess gegen den Kölner Gauleiter und Herausgeber des „Westdeutschen Beobachters" Robert Ley, den späteren Führer der „Deutschen Arbeitsfront", teil, woraufhin dieser ihn auf offener Straße zusammenschlagen ließ.

> *„Alles ging dann sehr rasch, wie gesagt. Als Gerichtsreferendar und Beisitzer beim Kölner Amtsgericht hatte ich zwei Jahre vorher amtiert in einem Strafprozeß wegen Verleumdung gegen den Kölner Gauleiter und Herausgeber des «Westdeutschen Beobachters«, Dr. Robert Ley. [...] Ley mußte ins Gefängnis. [...] Mir hatte man nichts vergessen im Braunen Haus. An einem Sommerabend war ich überfallen und zusammengeschlagen worden. Täglich konnten sie nun kommen, die Rächer Robert Leys. Als daher die zweite Hausarbeit abgeschickt war, wurde beschlossen, daß ich unverzüglich nach Berlin reisen solle, wo ohnehin die Klausuren zu schreiben waren. Das war mein Glück. (Erinnerungen I, S. 161/162)"*

Am 14.6.1930 wurde Hans Mayers Dissertation über „Die Krisis der deutschen Staatsrechtslehre und die Staatsauffassung Rudolf Smends" angenommen. Unter dem Einfluss von Lukács konzipierte er die Arbeit als

---

[76] Mehr zum „Roten Kämpfer" bei *Olaf Ihlau:* Die Roten Kämpfer. Meisenheim 1969.

Ideologiekritik des Staats- und Staatsrechtsdenkens seit der Romantik und stellte das Gemeinschaftsdenken Rudolf Smends wie auch die Freund-Feind-Polarität Carl Schmitts unter Ideologieverdacht. Am 17.7.1930 absolvierte er das Rigorosum. Das Doktordiplom wurde ihm erst am 1.9.1931 verliehen, da sich der Druck der Doktorarbeit verzögerte.[77]

Die Machtübernahme der Nationalsozialisten am 30.1.1933 erlebte Mayer als Schock. Um drohenden Überfällen durch die SA und die Gestapo in Köln zu entkommen, ging er nach Berlin, wo er auch sein Zweites juristisches Staatsexamen bestand. Unmittelbar nach dem Examen wurde er aufgrund des Gesetzes „zur Wiederherstellung des Berufsbeamtentums" vom 7.4.1933 aus dem Staatsdienst entlassen. Mit Hilfe von Freunden aus der KPO gelang ihm die Flucht nach Belgien und dann Frankreich, wo er in Paris losen Kontakt zu Heinz Brandler und August Thalheimer aus der KPO hielt.

> *„Ich hatte nichts, war nichts, mit 26 Jahren. Ja, doch, ein Doktor der Rechte, was sich später immerhin als nützlich erwies. Ein bißchen Klavierspiel, kaum erwähnenswert. Sonderbarerweise wurde mir auch die Musikalität nützlich im Exil. Mit der Juristerei war nichts anzufangen im Ausland: man hätte dort ganz neu beginnen müssen. (Erinnerungen I, S. 163, zur Situation nach der Emigration nach Straßburg)"*

Den Optimismus vieler deutscher Antifaschisten im Exil, die Arbeiterklasse würde das nationalsozialistische Regime bald durch einen Aufstand stürzen, teilte er nicht. Er knüpfte Kontakte zum Frankfurter Institut für Sozialforschung, das 1933 nach Genf, 1934 weiter in die USA emigriert war und in Genf eine Zweigstelle unterhielt. Mayer erhielt ein Stipendium und einen Forschungsauftrag von Max Horkheimer. Mit einer Studie über die Staats- und Rechtslehre des „Dritten Reiches" und einer Studie über Anarchismus, Autorität und Familie beteiligte er sich an den „Studien über Autorität und Familie" des Instituts.

Aus Frankreich emigrierte Hans Mayer weiter in die Schweiz. Durch die Vermittlung seines Kölner Lehrers, des Juristen und Staatstheoretikers Hans Kelsen, gelangte er an das Genfer Hochschulinstitut für Internationale Studien. Mayers Interesse an der Literatur verdrängte jetzt die Rechts-

---

[77] Vgl. dazu Hans Mayers Promotionsakte: UAK, Zug. 42/ 3709, Bl. 1.

wissenschaft. In den Jahren zwischen 1935 und 1938 verfasste er eine literaturwissenschaftliche Arbeit über „Georg Büchner und seine Zeit", mit der er sich später in Leipzig habilitierte.[78] Im Sommer 1938 traf er in Genf ein letztes Mal mit seiner Mutter zusammen. Von ihr erfuhr er, dass ihm am 27.2. die deutsche Staatsbürgerschaft aberkannt worden war, wodurch er auch aus der akademischen Welt Deutschlands ausgestoßen wurde. Im Promotionsalbum der Rechtswissenschaftlichen Fakultät der Kölner Universität findet man unter seinem Namen den Zusatz: „Verlust des Doktortitels am 14.5.1938, weil ausgebürgert." [79]

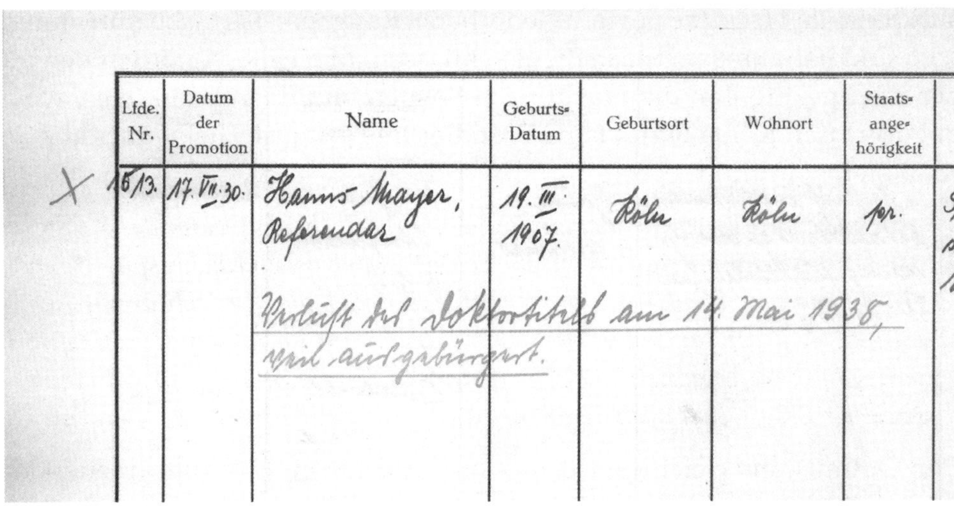

Lfde. Nr.	Datum der Promotion	Name	Geburts-Datum	Geburtsort	Wohnort	Staats-angehörigkeit
1013.	17.VII.30.	Hanns Mayer, Referendar	19.III. 1907.	Köln	Köln	pr.
		Verlust des Doktortitels am 14. Mai 1938, weil ausgebürgert.				

Quelle: UAK, Zug. 598/3

Promotionsalbum der Rechtswissenschaftlichen Fakultät

Mayer kehrte 1938 nach Paris zurück. Während eines Urlaubs in der Schweiz wurde er vom Ausbruch des Zweiten Weltkriegs überrascht. Er blieb daraufhin in der Schweiz, fiel jedoch der repressiven Flüchtlingspolitik zum Opfer: Er wurde von 1940 bis 1943 in mehreren Arbeitslagern, u. a. in Witzwil und Lenzburg, interniert. Seinen Eltern gelang es nicht mehr, aus dem nationalsozialistischen Deutschland zu fliehen: Sie wurden 1941

---

[78] Vgl. *Hans Mayer:* Georg Büchner und seine Zeit. Frankfurt 1972 (erstmals veröffentlicht 1946).

[79] Vgl. Promotionsalbum der Juristischen Fakultät der Universität Köln: UAK, Zug. 588/3, laufende Nr. 1013.

aus Köln in das Ghetto von Łódź deportiert und dort ermordet.

Im Herbst 1943 schloss sich Hans Mayer dem von der Kommunistischen Partei geführten Komitee „Freies Deutschland" an und arbeitete in der Redaktion der vom Komitee herausgegebenen Zeitschrift mit. Außerdem gehörte er dem Kulturausschuss deutscher Emigranten in Zürich an und beteiligte sich an der Flüchtlingskonferenz von Montreux vom 25.2. bis 1.3.1945. Seit November 1944 gab er die Flüchtlingszeitung und Schriftenreihe „Über die Grenzen - von Flüchtlingen für Flüchtlinge" heraus. Mayer trat aktiv für die Förderung antifaschistischer Exilliteratur ein: Er entdeckte u. a. Stephan Hermlin, gewann ihn für die Redaktion von „Über die Grenzen" und half ihm, seine „Zwölf Balladen von den großen Städten" zu publizieren.

Nach der Zerschlagung des Nationalsozialismus kehrte Mayer nach einigem Zögern auf Einladung der amerikanischen Militärregierung im Oktober 1945 nach Deutschland zurück. Er empfand dies als „Heimkehr in die Fremde" und war von der „Feindseligkeit und Härte", die ihm entgegenschlugen, schockiert.[80] Kurze Zeit arbeitete er zunächst als Redakteur bei der Deutsch-Amerikanischen Nachrichtenagentur DANA, dann bis 1947 als Chefredakteur bei Radio Frankfurt. Im selben Jahr, an seinem 40. Geburtstag, wurde er hessischer Landesvorsitzender der Vereinigung der Verfolgten des Naziregimes (VVN). Schließlich war er an der neu gegründeten „Akademie der Arbeit" in Frankfurt als Dozent für Gesellschaftswissenschaften tätig.

Im Frühjahr 1948 wurde Hans Mayer an die Universität Leipzig berufen: zuerst auf eine Professur für Kultursoziologie, die später in eine Professur für Neuere und Neueste Deutsche Literatur umgewandelt wurde.[81] In dieser Eigenschaft wurde Mayer 1956 Direktor des neu gegründeten Instituts für deutsche Literaturgeschichte. Er forschte u. a. über Brecht, Büchner, Dürrenmatt, Frisch, Lessing und Thomas Mann sowie über den deutschen Irrationalismus und die Romantik. Ähnlich wie Ernst Bloch geriet er durch seine kritische Einstellung in Konflikt mit der DDR-Regierung: Im Gegen-

---

80 *Hans Mayer,* Widerruf, S. 442.

81 Auskunft des Leipziger Universitätsarchivs vom 10.8.2004. Die Denomination der Professur Mayers in den einzelnen Nachschlagewerken ist uneinheitlich und widersprüchlich.

satz zum offiziell verordneten sozialistischen Realismus trat Hans Mayer entschieden für die Avantgarde und die moderne Weltliteratur ein, z. B. für Kafka, Joyce, Proust und Ionesco. Er versuchte, Literatur lebendig werden zu lassen[82], etwa durch die Förderung unbekannter Autoren und durch seine legendären Seminare im Hörsaal 40, die u. a. Christa Wolf und Uwe Johnson besuchten. Mayer nahm seit 1959 auch an den Tagungen der Gruppe 47 teil und versuchte auf diese Weise, eine Vermittlerrolle zwischen den Autorinnen und Autoren in der Bundesrepublik und der DDR zu spielen.

1963 verließ Hans Mayer die DDR. In der Bundesrepublik lebte er zuerst als freier Publizist und lehrte von 1965 bis 1973 als Professor für deutsche Literatur und Sprache an der Technischen Hochschule Hannover. In diesem Zusammenhang sandte der Dekan der Rechtswissenschaftlichen Fakultät der Universität zu Köln am 27.10.1965 dem Rektor der TH Hannover nach Anfrage eine beglaubigte Abschrift von Mayers juristischer Promotionsurkunde zu. Die Aberkennung der Doktorwürde im Nationalsozialismus wurde in diesem Schreiben nicht explizit erwähnt.[83] Außerdem geht aus der Promotionsakte hervor, dass offensichtlich ein Entschädigungsverfahren eingeleitet wurde.[84] In seinen Memoiren „Ein Deutscher auf Widerruf" erwähnte Hans Mayer eine Erneuerung seines Doktordiploms: „Fünfzig Jahre später, am 1.9.1981, wurde mir das Diplom erneuert von der Kölner Fakultät."[85]

Ab 1973 war Mayer Honorarprofessor in Tübingen und wiederholt Gastprofessor in Frankreich, Japan und besonders häufig in den USA. 1980 wurde ihm der Literaturpreis der Stadt Köln verliehen, im Jahr darauf die Ehrenbürgerschaft, kurz vor seinem Tod auch die der Stadt Leipzig. Mayer wurde mit zahlreichen akademischen Titeln geehrt, u. a. durch eine Professur ehrenhalber in Peking; die Universitäten in Brüssel (1969), Leipzig

---

82 Vgl. dazu *Hans Mayer:* Gelebte Literatur. Frankfurter Vorlesungen. Frankfurt 1987.

83 Vgl. Promotionsakte Hans Mayer: UAK, Zug. 42/ 3709.

84 Das Oberlandesgericht (Referendarabteilung XII M 279) schrieb am 4.5.1965 dem Dekan der Rechtswissenschaftlichen Fakultät der Universität Köln unter Betreff „Entschädigungssache des Prof. Dr. Hans Mayer aus Tübingen": „In der Anlage werden die mit Schreiben vom 12.3.1965 übersandten Unterlagen über die Promotion des Antragstellers nach erfolgter Einsichtnahme zurückgereicht": Vgl. Promotionsakte Hans Mayer: UAK, Zug. 42/3709.

85 *Mayer*: Ein Deutscher, S. 147.

und Wisconsin (1972) verliehen ihm die Ehrendoktorwürde, das Collège de France (1974) und die Modern Language Association der USA eine Ehrenmedaille.

Im Widerspruch zu dieser scheinbaren Etabliertheit blieb Mayer ein „Außenseiter", wie auch der Titel eines seiner Hauptwerke lautete, in dem er sich mit dem Scheitern der bürgerlichen Aufklärung auseinandersetzte.[86] Seine ganze Aufmerksamkeit galt dem Fortwirken des Antisemitismus und dessen Transformation zum Antizionismus: *„Aus dem bisherigen jüdischen Außenseiter inmitten einer nichtjüdischen Bevölkerung wurde ein jüdischer Außenseiterstaat inmitten einer nichtjüdischen Staatengemeinschaft. [...] Wer ‚den Zionismus' angreift, aber beileibe nichts gegen ‚die Juden' sagen möchte, macht sich oder anderen etwas vor. Der Staat Israel ist ein Judenstaat. Wer ihn zerstören möchte, erklärtermaßen oder durch eine Politik, die nichts anderes bewirken kann als solche Vernichtung, betreibt den Judenhass von einst und jeher."*[87]

Hans Mayer starb am 19.5.2001 und vermachte seinen Nachlass dem Historischen Archiv der Stadt Köln.

Publikationen von Hans Mayer (Auswahl):

Georg Büchner und seine Zeit. Wiesbaden 1946 (Frankfurt 1972).

Karl Marx und das Elend des Geistes. Studien zur neuen deutschen Ideologie. Meisenheim am Glan 1948.

Literatur der Übergangszeit. Berlin 1949, ^{2}1951.

Schiller und die Nation. Berlin 1953, ^{2}1955.

Deutsche Literatur und Weltliteratur. Berlin 1957.

Von Lessing bis Thomas Mann. Pfullingen 1959.

Anmerkungen zu Brecht. Frankfurt 1965.

Deutsche Literaturkritik im zwanzigsten Jahrhundert. Stuttgart 1965.

Goethe: Ein Versuch über den Erfolg. Frankfurt 1973.

Außenseiter. Frankfurt 1975.

Ein Deutscher auf Widerruf. Erinnerungen. 2 Bde., Frankfurt 1982, 1984.

---

86 *Hans Mayer:* Außenseiter. Frankfurt 1975.

87 Ebenda, S. 451, 457.

Das unglückliche Bewusstsein. Zur deutschen Literaturgeschichte von Lessing bis Heine. Frankfurt 1986.

Gelebte Literatur, Frankfurter Vorlesungen, Frankfurt 1987.

Der Widerruf. Über Juden und Deutsche, Frankfurt 1994.

In den Ruinen des Jahrhunderts. Frankfurt 1997, S. 51–74.

Literatur:

International Biographical Dictionary of Central European Emigrés 1933–1945. Hg. von Werner Röder und Herbert A. Strauss. Bd. II, 2, München 1983, S. 791.

Jens, Inge u. a. (Hg.): Über Hans Mayer. Festschrift zum 70. Geburtstag. 1977.

Jens, Walter Raddatz, Fritz J. (Hg.): Hans Mayer zum 60. Geburtstag. Festschrift. Reinbek 1967.

Keßler, Mario: Zwischen Ost und West. Ernst Bloch, Hans Mayer, Leo Kofler und Alfred Kantorowicz. In: Ders.: Exil und Nach-Exil. Vertriebene Intellektuelle im 20. Jahrhundert. Hamburg 2000, S. 33–54

Dr. rer. pol. Fritz Pappenheim

Andreas Freitäger

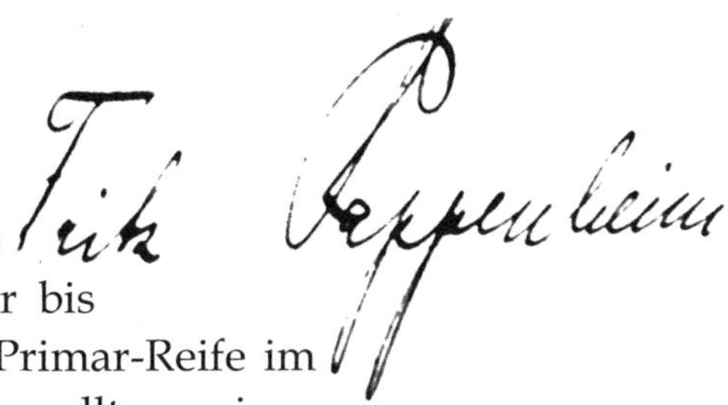

Fritz Pappenheim wurde am 18.5.1902 in Köln als Sohn des Kaufmanns Leopold Pappenheim geboren. Das Städtische Gymnasium Kreuzgasse besuchte er nur bis zur Unterprima und verließ es mit der Primar-Reife im Jahre 1920. Aus wirtschaftlichen Gründen sollte er einen praktischen Beruf erlernen und begann zum 1.5.1920 eine Ausbildung bei der Deutschen Bank, die er am 31.10.1922 abschloss. Ohne Reifeprüfung studierte er in Köln, Kiel und Freiburg Wirtschaftswissenschaften.

Aufgrund einer von der Kölner Wirtschafts- und Sozialwissenschaftlichen Fakultät prämierten Arbeit über „Die Einwirkung des Geldwertschwundes auf das Staatsgefühl und den sozialen Frieden" wurde Pappenheim zur nachträglichen Ablegung der Reifeprüfung beim Kultusministerium vorgeschlagen, die er am 3.3.1927 bestand. Er machte daraufhin die prämierte Studie zur Grundlage seiner 1928 angenommenen Doktorarbeit. Das Rigorosum bestand er, ohne zuvor eine volkswirtschaftliche oder kaufmännische Diplomprüfung ablegen zu müssen, am 23.2.1928. Im Anschluss an die Promotion arbeitete er in der Erwachsenenbildung und im Rundfunk. Nach der Machtübernahme der Nationalsozialisten flüchtete er nach Spanien und 1939, nach dem Ende des Spanischen Bürgerkrieges, nach Südfrankreich, wo er zeitweilig interniert wurde.

1941 emigrierte Pappenheim in die USA und musste, wie viele jüdische Gelehrte aus Deutschland, seine Karriere neu starten. Angesichts des latenten Antisemitismus an zahlreichen amerikanischen Universitäten fanden Wissenschaftler wie er eine Stellung an den vorwiegend von Schwarzen besuchten Hochschulen in den Südstaaten: Pappenheim lehrte von 1944 bis 1952 Deutsch und Wirtschaftswissenschaften am Talladega College in Alabama. Seine Lehrtätigkeit lässt darauf schließen, dass er von der Entziehung seines Doktortitels am 13.7.1939 keine Kenntnis erhielt oder sie ignorierte. 1952 zog er nach Cambridge, Mass., wo sein grundlegendes Werk „The Alienation of Modern Man" entstand. Pappenheim las bis zu seinem Tode 1964 an zahlreichen Universitäten und Colleges. Seine Witwe

Yvonne Blumenthal Pappenheim, die sich nach dem Tode ihres Mannes dem Kampf für soziale Gerechtigkeit widmete, starb am 8.9.2005 im Alter von 92 Jahren.

Fritz Pappenheims Schicksal wurde in dem Buch „From Swastika to Jim Crow" von Gabrielle Simon Edgcomb und dem hierauf basierenden Film thematisiert.

Publikationen von Fritz Pappenheim (Auswahl):

Alienation of Modern Man. An Interpretation Based on Marx and Tönnies. New York 1959.

Alienation in American Society. Vorlesung an der Yale University 1964. In: Monthly Review 52 (2000), Nr. 2 (www.monthlyreview.org/600papp.htm; acc. 10.10.2005).

Quellen:

UAK, Zug. 70/290 (Promotionsakte Fritz Pappenheim).

Literatur:

Edgcomb, Gabrielle Simon: From Swastika to Jim Crow. Refugee Scholars at Black Colleges. Malabar, Florida 1993.

Dr. rer. pol. Jakob (Jack) Schiefer

Claudia Bianchi und Kerstin Theis

Jakob Schiefer wurde am 16.4.1898 in Sinnersdorf bei Köln geboren. Sein Vater Heinrich war Landwirt und starb noch vor der Geburt seines Sohns. Schiefers Mutter Elisabeth, geb. Erpenbach, war als Landarbeiterin tätig. Die bäuerlichen Verhältnisse zwangen ihn schon früh dazu, auf dem elterlichen Hof mitzuarbeiten, so dass er die katholische Volksschule nur sehr unregelmäßig und mit mäßigem Erfolg besuchte. Nach Abschluss der Volksschule arbeitete er von 1912 bis 1916 als landwirtschaftlicher Arbeiter und Viehwirt. Später betätigte er sich in vielen weiteren Berufen, unter anderem als Bau- und Fabrikarbeiter. Im Dezember 1916 wurde Schiefer eingezogen und war bis zum Sommer des nächsten Jahres als Minenwerfer und Infanterist an der Westfront. Die Erfahrung des Ersten Weltkriegs führte seinen eigenen Angaben zufolge zu einem seelischen und geistigen Bruch.

Nach dem Krieg arbeitete Schiefer bis 1928 als ungelernter Arbeiter bei der Deutschen Reichsbahn. 1923 beteiligte er sich während des sog. Ruhrkampfs am „Abwehrkampf" separatistischer Bestrebungen und an Aktionen gegen die französische Besatzung. Den späteren Gerichtsakten zufolge nahm er an „Brückensprengungen zur Verhinderung der Fortschaffung der Ruhrkohle nach Frankreich" teil und führte Geldtransporte und Nachrichtenübermittlungen durch. Obwohl er weiterhin körperlich sehr anstrengende Tätigkeiten ausübte und sich in der Gewerkschaft engagierte, begann Schiefer gleich nach Kriegsende, sich schulisch weiterzubilden. Nachdem er sich im Eigenstudium ein Standardwerk zur Erlangung der Oberrealschulreife erarbeitet hatte, besuchte er die Volkshochschule, das Kölner Freigewerkschaftliche Seminar und später öffentliche Vorlesungen an der Kölner Universität. Von Mai 1926 bis 1928 besuchte er dank eines Stipendiums der Stadt Köln die Staatliche Fachschule für Wirtschaft und Verwaltung in Düsseldorf und belegte dort auch Wirtschafts- und Sozialwissenschaften.

Schiefers Engagement beschränkte sich indes nicht nur auf die eigene Fortbildung. Er trat 1920 dem Einheitsverband der Eisenbahner bei und fungierte seit April 1928 als Arbeitersekretär des Allgemeinen Deutschen Gewerkschaftsbundes in Gladbach-Rheydt. Dieses Amt, das vielfältige arbeits- und sozialrechtliche, organisatorische sowie arbeitspädagogische Aufgaben umfasste, übte er bis zum Februar 1933 aus. Außerdem vertrat er die Angelegenheiten der Gewerkschaften vor mehreren Gerichten und Ausschüssen. In den Kontext seines gewerkschaftlichen Engagements gehören ferner auch Schiefers Funktionen als Mitglied der Verwaltungsausschüsse von drei Arbeitsämtern sowie als Geschäftsführer der Gladbach-Rheydter Zahlstelle der „Bank der Arbeiter, Angestellten und Beamten".

Im Mai 1928 bestand Jakob Schiefer vor dem Preußischen Kultusministerium die Prüfung zur Zulassung zum Studium ohne Reifezeugnis. Er studierte danach Volkswirtschaft an der Universität Köln und erwarb hier im Wintersemester 1931/32 den Grad eines Diplom-Volkswirts. Seine Diplomarbeit bei Bruno Kuske handelte über „Die Grundzüge der Geschichte der deutschen freien Gewerkschaften seit Aufhebung des Sozialistengesetzes". Seine Dissertation legte er den Referenten Bruno Kuske und Christian Eckert im Jahr 1933 vor und bestand das Rigorosum mit „gut +". Seine mündliche Doktorprüfung zum Dr. rer. pol. erfolgte am 18.5.1933. Die Drucklegung der Arbeit verzögerte sich, so dass die Doktorurkunde nicht ausgehändigt wurde.

Noch im Jahr der nationalsozialistischen Machtübernahme emigrierte Schiefer nach Amsterdam, wo er Anna Katharina Martha Peters (1908–2001) heiratete. Im Oktober 1934 kam dort seine älteste Tochter Martha († 1974) zur Welt; 1941 und 1946 sollten seine Kinder Ruth († 1960) und Leander geboren werden. Schiefer bemühte sich den Gerichtsakten zufolge darum, in Amsterdam eine wissenschaftliche Karriere einzuschlagen. Ein Jahr lang arbeitete er als Assistent an der dortigen Universität, doch scheiterte sein Vorhaben daran, dass die Abschlussprüfungen deutscher Hochschulen nicht anerkannt wurden. Ende 1934 kehrte er deshalb mit seiner Familie nach Deutschland zurück.

Als SPD-Parteimitglied (seit 1928) gehörte Schiefer dem sozialdemokratischen Widerstand an und arbeitete unter den Decknamen „Niemöller“ bzw. „Neu-/Niemüller“ für die Ortsgruppe „Runge“. Sie bestand laut Gerichtsakten aus mindestens 17 Männern und wurde von dem Schlosser Hermann Runge aus Meerbeck im Kreis Moers geleitet. Schiefer brachte als Kurier illegale Flugschriften wie die „Sozialistische Aktion“ aus den Niederlanden und Belgien über die Grenze nach Deutschland. Überdies nahm er an geheimen Konferenzen der SPD im Ausland teil, wo er mit führenden Sozialdemokraten wie etwa Rudolf Hilferding, Otto Wels und Erich Ollenhauer zusammentraf. Aufgrund einer Denunziation konnten die Polizeibehörden die Gruppe um Runge aufdecken. Schiefer selbst wurde am 20.7.1935 festgenommen und befand sich seitdem in Untersuchungshaft, während der er wie später im Zuchthaus schweren Misshandlungen durch die Wärter ausgeliefert war. Er verarbeitete diese Erlebnisse in seinem 1946 publizierten Werk „Die Zuchthausballade“.

Ich schreite auf der schneeverwehten Straße
Dem nächsten Städtchen vor mir eilig zu,
Die Zwingburg hinter mir im Nebel lasse,
Doch rückwärtsschauend manchen Blick ich tu',
Weil ich die Wahrheit immer noch nicht fasse,
Daß die Gestapo läßt mich ziehn in Ruh;
Wie tief doch sitzt Erlebtes mir im Blute,
Obwohl ich bin nicht arm an Kraft und Mute.

Ein Schauer überrieselt mir den Rücken,
Gedenk' ich jener furchtbar schlimmen Zeit,
Als die Sadisten schlugen mit Entzücken
Die nackten Füße mir zu Klumpen breit,
Stets mit Gebrüll zu immer neuen Tücken,
Zu jeder Schandtat skrupellos bereit,
Barbarisch ein Geständnis zu erpressen,
Was der gequälte Geist wird nie vergessen.

Aus: „Die Zuchthaus-Ballade“

In der Anklageschrift gegen die Gruppe Runge hieß es: „*Die Angeschuldigten haben an dem Aufbau einer illegalen sozialdemokratischen Organisation mitgewirkt, die die Einfuhr und Verbreitung hochverräterischer Druckschriften, die Einziehung von Beiträgen zu deren Bezahlung und die Übermittlung von Nachrichten über innerdeutsche Verhältnisse in das Ausland zum Gegenstand hatte. [... Außer 4 Angeklagten] haben alle Angeschuldigten im Rahmen dieser Tätigkeit auch an Besprechungen im Auslande teilgenommen.*" Schiefer wurde zur Last gelegt, von September/Oktober 1933 bis zur Enttarnung der Organisation im Frühjahr 1935 an der Einfuhr illegaler „staatsfeindlicher Druckschriften" ins Reich beteiligt gewesen zu sein. Seine Verteidigung übernahm der spätere Bundesfinanzminister Franz Etzel. Am 11.12.1936 verurteilte der 2. Senat des Volksgerichtshofs Schiefer wegen Hochverrats nach den §§ 83 (Abs. 2, 3 Ziff. 1 und 4) und 84 StGB zu einer Zuchthausstrafe von zwei Jahren und sechs Monaten sowie zur Aberkennung der bürgerlichen Ehrenrechte für die Dauer von drei Jahren. Der Volksgerichtshof konnte Schiefers Beteiligung „im Rahmen der Schriftenverteilung oder des Nachrichtendienstes [...] trotz eines gewissen Verdachts" nicht zweifelsfrei nachweisen. Seine Teilnahme an den so genannten „Emigranten-Konferenzen" wurde ihm indes zur Last gelegt, wie es in der Urteilsbegründung heißt: *„[...] so hat er doch schon durch die Teilnahme an den Konferenzen in Lüttich und Antwerpen selbst die hochverräterischen Ziele der SPD gefördert. Schon die Anwesenheit und die Reden eines Mannes von dem geistigen Format des Schiefer, der in der Gewerkschaftsbewegung früher eine erhebliche Rolle gespielt hat, mußte die Hoffnungen der Konferenzteilnehmer auf einen Erfolg ihrer illegalen Arbeit steigern und ihnen das Gefühl geben, daß Schiefer auf ihrer Seite im Kampfe gegen das Dritte Reich stand."* Strafmildernd berücksichtigte das Gericht, *„daß der Angeklagte Schiefer im Kriege seine Pflicht getan, sich im Jahre 1923 bei der Abwehr des französischen Ruhreinbruchs und bei der Bekämpfung der Separatisten in ganz erheblichem Maße für Deutschland eingesetzt und dabei u. a. selbst die Sprengung einer Rhein-Brücke vorgenommen [... habe]."*

Infolge seiner Verurteilung wegen Vorbereitung zum Hochverrat und Verlusts der bürgerlichen Ehrenrechte entzog die Universität Köln Jakob Schiefer am 21.10.1937 zuerst den Diplomgrad und am 11.12.1937 den Doktortitel.

Nach seiner Haftentlassung 1938 betätigte sich Schiefer als Geschäftsführer einer Möbelfabrik und eines Industrieunternehmens in Duisburg. Im Januar 1945 wurde er wegen seiner Zuchthausstrafe für „wehrunwürdig" erklärt und ins Strafbataillon 999 einberufen, doch entzog er sich diesem Befehl und lebte bis Kriegsende im Untergrund.

Kurz nach Kriegsende kehrte Jakob Schiefer nach Erkelenz zurück und übernahm dort von den Alliierten bis Februar 1946 das Amt des Landrates. Am 12.2.1946 wurde er zum Oberkreisdirektor gewählt, schied jedoch nach

Querelen an der Spitze des Landkreises zum Jahresende 1947 aus dem Amt aus.

In Anbetracht seines politischen Amtes und mit Hilfe einflussreicher Freunde erhielt Schiefer seinen Doktorgrad von der Kölner Universität vergleichsweise schnell zurück: am 10.11.1946 wurde der Entziehungsbeschluss aufgehoben und die Promotion vollzogen. Der Annullierung der Entziehung stimmten die Dekane geschlossen zu. Allerdings erfolgte seitens der Universität nie eine offizielle Entschuldigung oder ein Wort des Bedauerns. Schiefer wurde lediglich die neu ausgestellte Doktorurkunde übersandt.

Von Dezember 1947 bis 1951 bekleidete Schiefer das Amt des Referenten im Arbeits- und Sozialministerium des Landes Nordrhein-Westfalen. Anschließend wirkte er als Ressortchef für Arbeits- und Sozialfragen bei der Europäischen Gemeinschaft für Kohle und Stahl in Luxemburg, wo er 1963 seine berufliche Tätigkeit beendete. Zeit seines Lebens publizierte er insbesondere zur Geschichte der deutschen Gewerkschaften und zur europäischen Sozial- und Wirtschaftspolitik.

Jakob Schiefer starb am 29.1.1980 in Erkelenz.

Publikationen von Jakob Schiefer (Auswahl):

Geschichte der deutschen Gewerkschaften. Aachen 1946.

Die Zuchthaus-Ballade. Aachen 1946.

Tagebuch eines Wehrunwürdigen. Aachen 1947.

Das System der sozialen Sicherheit in den Vereinigten Staaten. Frankfurt 1952.

Europäischer Arbeitsmarkt. Baden-Baden 1961.

Herausgeberschaften:

Deutsches Tarif-Archiv, 1946–1953. Erkelenz.

Europäische Sozialberichte, 1963 ff. Baden-Baden.

Europäische und internationale Sozial-Informationen, 1965 ff. Freudenstadt.

Quellen:

Dokumentation über die Landräte und Oberkreisdirektoren in Nordrhein-Westfalen 1945–1971. Hg. vom Landkreistag NRW. Düsseldorf 1992.

UAK, Zug. 4/4205; 28/129; 70/309 IA 2a; 600/68; Tabellarischer Lebenslauf Schiefers (durch freundliche Überlassung des Kreisarchivs Heinsberg).

„Widerstand als Hochverrat". Die Verfahren gegen deutsche Reichsangehörige vor dem Reichsgericht, dem Volksgericht und dem Reichskriegsgericht (Mikrofiche-Edition). (Texte und Materialien zur Zeitgeschichte 7). Hg. vom Institut für Zeitgeschichte München. München u.a. 1995, Fiche-Nr. 598–600 [Aktenzeichen 9 J 479/35 und 2 H 14/36].

Literatur:

Biographisches Handbuch der deutschsprachigen Emigration nach 1933. Hg. von Werner Röder, Bd. 1. München u.a. 1980, S. 645.

Gedenken – Reichspogromnacht 9.11.1938/9.11.1998. Hg. von der Anita-Lichtenstein-Gesamtschule anlässlich der Errichtung des Gedenksteins für Anita Lichtenstein am 12.11.1998. Geilenkirchen 1998, S. 16–17.

Dr. phil. Lotte Schlesinger, geb. Brauer

Katja Durschang, Anika Risse,
Anna Ruhland, Margit Szöllösi-Janze

Lotte Brauer wurde am 17.2.1901 in Breslau als Tochter des Kaufmanns Benno Brauer und seiner Frau Selima, geb. Luft, geboren. Sie war jüdischer Konfession. Lotte Brauer brach in der Oberprima ihre Schulzeit am Augusta-Realgymnasium in Breslau aus familiären Gründen ab und bestand 1927 die Reifeprüfung als Externe. Im Frühjahr 1928 heiratete sie in Düsseldorf den Kaufmann Leon Schlesinger, von dem sie 1932 geschieden wurde.

Seit dem Wintersemester 1929/30 studierte Lotte Schlesinger an der Universität Köln Geschichte (Zeitungswissenschaft), Germanistik und Pädagogik. Im Januar 1933 bestand sie das Staatsexamen für das Lehramt an mittleren Schulen. Während ihres Studiums an der Philosophischen Fakultät wohnte sie in Düsseldorf, Bülowstraße 25, und in Köln, Kurfürstenstraße 21.

Ihre Dissertation mit dem Titel „Die wichtigsten jüdischen Zeitungen in Deutschland in der Zeit vom November 1918 bis Januar 1933" reichte sie im Januar 1937 ein, nachdem sie zuvor ihre wissenschaftliche Arbeit immer wieder hatte unterbrechen müssen, um sich ihren Lebensunterhalt zu verdienen. Doktorvater war Martin Spahn, Direktor des Instituts für Zeitungswissenschaft und NSDAP-Mitglied seit 1933. Spahn bescheinigte der Dissertation „stofflich einen sicher beachtlichen Ertrag", und der Zweitgutachter, der Historiker Johannes Ziekursch, würdigte sie als „sehr umfangreiche Stoffsammlung", die „recht lehrreiche Einblicke in die Gegensätze und Kämpfe innerhalb der deutschen Judenschaft" gewähre. Die mündliche Prüfung bestand Lotte Schlesinger am 20.2.1937.

Seit April 1937 regelte ein Ministerialerlass den „Erwerb der Doktorwürde durch Juden deutscher Staatsangehörigkeit". Lotte Schlesinger bat daraufhin am 14.5.1937 den Dekan der Philosophischen Fakultät, Otto Kuhn, ihr schriftlich zu bestätigen, dass die Ausstellung ihres Doktordiploms nicht von dem Erlass berührt werde: Er sei ergangen, nachdem ihre für die Promotion erbrachten Leistungen als gültig anerkannt worden wa-

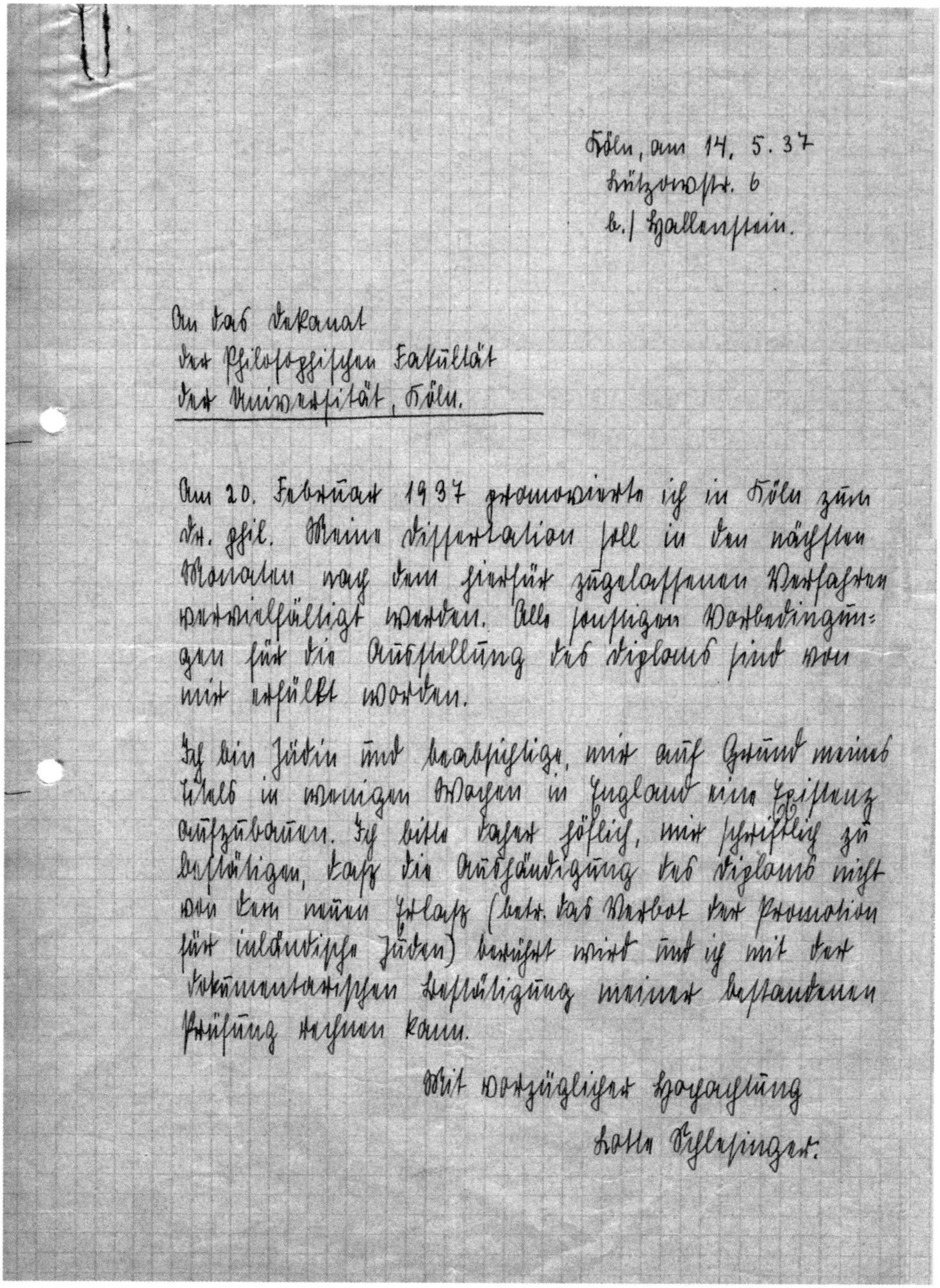

Köln, am 14. 5. 37
Lützowstr. 6
b./ Hallenstein.

An das Dekanat
der Philosophischen Fakultät
der Universität, Köln.

Am 20. Februar 1937 promovierte ich in Köln zum Dr. phil. Meine Dissertation soll in den nächsten Monaten nach dem hierfür zugelassenen Verfahren vervielfältigt werden. Alle sonstigen Vorbedingungen für die Ausstellung des Diploms sind von mir erfüllt worden.

Ich bin Jüdin und beabsichtige, mir auf Grund meines Titels in wenigen Wochen in England eine Existenz aufzubauen. Ich bitte daher höflich, mir schriftlich zu bestätigen, dass die Aushändigung des Diploms nicht von dem neuen Erlass (betr. das Verbot der Promotion für inländische Juden) berührt wird und ich mit der dokumentarischen Bestätigung meiner bestandenen Prüfung rechnen kann.

Mit vorzüglicher Hochachtung
Lotte Schlesinger.

Quelle: UAK, Zug. 44/566

Antrag von Lotte Schlesinger an den Dekan der Philosophischen Fakultät vom 14.5.1937 auf eine Bescheinigung über die erfolgreich bestandene Promotion

ren. Sie beabsichtigte, nach England zu emigrieren, und verwies nun darauf, dass sie sich aufgrund ihres Titels eine Existenz aufbauen wolle. Vor dem Hintergrund des Erlasses befasste sich die Philosophische Fakultät zum ersten Mal mit Lotte Schlesingers Dissertation und stellte fest, dass man auf jeden Fall ihren Inhalt kennenlernen müsse. Allerdings waren bereits Anfang März im Jüdischen Gemeindeblatt der Stadt Köln und in der Jüdischen Rundschau vom 23.3. Notizen erschienen, die auf die Arbeit hinwiesen. Damit war eine sich rasch ausweitende Öffentlichkeit entstanden, was Lotte Schlesingers Wunsch endgültig zum Scheitern verurteilen sollte. Die Philosophische Fakultät verfiel nun in hektische Betriebsamkeit. Eine Durchsicht der Arbeit ergab, dass sie wegen der „Gefahr der tendenziösen Überarbeitung und Auswertung" keinesfalls in die „Hände deutsch-feindlicher Stellen im Ausland" gelangen dürfe. Diese ‚Gefahr' bestand insofern, als Lotte Schlesinger beabsichtigte, in England eine Leihbibliothek zu eröffnen. Die Fakultät sah nur einen Ausweg: in den Besitz sämtlicher vorhandener Exemplare zu gelangen und auf diese Weise jede Möglichkeit einer Verbreitung zu verhindern. Um dies sicherzustellen, beschritt man nun den „einzige[n] Weg zur restlosen Erfassung: Mitteilung an die Gestapo".

Ein interner Aktenvermerk zeugt von der Eilfertigkeit, mit welcher der Dekan an die Gestapo herantrat: „Eingreifen der Gestapo erfolgt möglichst rasch. Eingreifen erfolgt in aller Stille, Universität und Fakultät werden in keiner Weise belastet." Auf Initiative des Dekans beschlagnahmte die Gestapo alle Exemplare der Dissertation, was auch bedeutete, dass ihre Drucklegung verhindert wurde. Die Aushändigung der Doktorurkunde und damit das Recht, den Titel zu führen, war unmöglich geworden.

Der Dekan war sich dieses Zusammenhangs bewusst, vor allem auch, was dies für Lotte Schlesinger bedeutete, die sich, selbst ohne jedes Vermögen, in der Emigration alleine durchbringen musste. Derselbe Aktenvermerk hielt fest, dass Frau Schlesinger verarmt sei und sich schließlich auf die Annahme der Arbeit durch die Fakultät und die Ablegung der Prüfung berufen könne. Dem Vermerk zufolge beabsichtigte der Dekan, „eventuell" beim Minister eine Ausnahme zu erwirken, um die Urkunde auch ohne Veröffentlichung bzw. Vervielfältigung der Dissertation aushändigen zu können, doch dazu kam es nicht. In einem Schreiben nach Berlin meldete Kuhn vielmehr am 2.6. die erfolgreiche Beschlagnahme der Arbeit und ihrer Unterlagen durch die Gestapo und die Weiterleitung des Materials an das „Reichsinstitut für Geschichte des neuen Deutschland", wo Walter

Frank eine eigene Abteilung für wissenschaftliche Judenforschung eingerichtet hatte.

```
[…] Es war nicht beabsichtigt, die Arbeit an die Öffentlichkeit
gelangen zu lassen. Diese Absicht wurde aber durchkreuzt, indem
Frau Schlesinger die erwähnten Hinweise in der jüdischen Pres-
se ermöglichte. Infolge dieser Mitteilungen in der jüdischen
Presse muß mit einer Verwendung der Arbeit in einem nicht den
Absichten der Fakultät entsprechenden Sinne gerechnet werden.
Ich habe daher die Arbeit und ihre Unterlagen durch die Staats-
polizei beschlagnahmen lassen. Dieser Weg erschien als die
einzige Möglichkeit zur restlosen Erfassung des Materials, da,
wie mir bekannt, Frau Schlesinger beabsichtigt, in England eine
Leihbücherei für Emigranten zu eröffnen. Frau Schlesinger ist
inzwischen nach England abgereist. Das Material der Arbeit wur-
de von mir der Abteilung Judenfrage des Reichsinstituts zuge-
leitet.
In einer Fakultätssitzung habe ich unter Hinweis auf den Vor-
fall den Fakultätsmitgliedern für die Zukunft besondere Sorg-
falt der Behandlung aller politischen Fragen zur Auflage ge-
macht.

gez. Kuhn
Dekan
```

Quelle: UAK Zug. 44/566, lfd. Nr. 1015

Bericht von Dekan Kuhn an den Reichs- und Preußischen Minister für Wissenschaft, Erziehung und Volksbildung vom 2.6.1937 (Auszug)

Der offensichtliche Wunsch von Dekan und Fakultät, die Angelegenheit Schlesinger „in aller Stille“ zu bereinigen, erfüllte sich jedoch nicht. Noch im Juni 1937 griff ein agitatorischer Artikel der *Volksgesundheit*, Schulungsblatt der Deutschen Arbeitsfront, die Angelegenheit auf *(siehe Abb. S. 115)*. Die Volksgesundheit begriff es als „Verhöhnung“ einer deutschen Hochschule, wenn eine Jüdin eine Doktorarbeit über „die Zeit der Hochkonjunktur für die jüdischen Schreiberlinge und Volksvergifter“ vorlege, in welcher „der verderbende Einfluss des jüdischen Pressereptils ins Uferlose“ gestiegen sei. Dekan Kuhn hatte in der Folge viel zu tun, um maßgebliche Parteistellen und Funktionsträger in der Universität davon in Kenntnis zu setzen, dass der Vorgang bereits im gewünschten Sinne abgeschlossen sei.

Ist so etwas noch möglich?

Die „Jüdische Rundschau" teilt mit, daß Frau Lotte Schlesinger aus Breslau eine Dissertation über das Thema „die wichtigsten jüdischen Zeitungen in Deutschland in der Zeit vom November 1918 bis Januar 1933" geschrieben habe. Diese Dissertation, in der auch ein längeres Kapitel über die „Jüdische Rundschau" enthalten sei, liege der philosophischen Fakultät der Universität Köln vor und Frau Lotte Schlesinger hoffe, auf Grund dieser Arbeit die Doktorwürde zu erlangen.

Nun mag sich ja die Jüdin Schlesinger hier ein außerordentlich interessantes Thema gewählt haben. In den Jahren, die zwischen dem November 1918 und dem Januar 1933 liegen, stieg der verderbende Einfluß des jüdischen Pressereptils ins Uferlose. Es war die Zeit der Hochkonjunktur für die jüdischen Schreiberlinge und Volksvergifter. Es wäre die Zeit geworden, die den Untergang der deutschen Nation eingeleitet haben würde, wenn der Nationalsozialismus nicht zur rechten Zeit den Propagandisten dieses Unterganges, den Juden, das Schandwerk gelegt hätte.

Wir zweifeln aber mit Recht daran, daß die Jüdin Schlesinger in ihrer Dissertation die Dinge so geschildert hat, wie sie in bezug auf die jüdische Presse in Wahrheit liegen. Denn sie hätte in diesem Falle das furchtbare Verbrechen Judas am deutschen Volke geradezu dokumentarisch festlegen müssen. Da wir aber eine solche Objektivität einer Jüdin niemals zuzutrauen vermögen, betrachten wir es geradezu als eine Verhöhnung einer deutschen Hochschule, wenn ihr eine Jüdin oder ein Jude eine Dissertation über ein solches Thema vorlegt.

Wenn wir auch nun der Ansicht sind, daß die Universität Köln der Jüdin Schlesinger die richtige Antwort keineswegs schuldig bleiben wird, so glauben wir jedoch andererseits, daß es an der Zeit ist, daß man der immer noch überheblichen jüdischen Sippschaft endlich eindeutig klarmacht, daß auch deutsche Universitätsprofessoren besseres zu tun haben, als jüdische Doktordissertationen über Themen zu prüfen, zu deren Bearbeitung heute in Deutschland kein Jude berufen sein kann. Das ist auch schon deshalb notwendig, damit die jüdische Presse nicht mehr die Möglichkeit hat, so wie das in diesem Falle geschehen, mitzuteilen, was „ünsere Lait" sich immer noch herauszunehmen erfrechen.

f.

Quelle: UAK, Zug. 44/566

Aus der ‚Volksgesundheit', Juni 1937

PHILOSOPHISCHE FAKULTÄT DER UNIVERSITÄT KÖLN

6 x

BEI ANTWORT ANZUGEBEN

~~Entwurf!~~

An
den Hauptschriftleiter des Westdeutschen Beobachters
Herrn Dr. Peter Winkelnkemper
~~Hier~~

In Ergänzung zu meinem Anruf vom 28.6. teile ich mit:

In der Ihnen wohl vorliegenden "Volksgesundheit", Fachl. Schulungsblatt der Deutschen Arbeitsfront, Folge 6, Juni 1937 2. Jahrgang, findet sich S. 169 unter

"Ist so etwas noch möglich?"

eine Notiz folgenden Inhalts: Der philosophischen Fakultät der Universität Köln liege nach Mitteilung der "Jüdischen Rundschau" eine Dissertation von Frau Lotte Schlesinger vor mit dem Thema: "Die wichtigsten jüdischen Zeitungen in Deutschland in der Zeit von November 1918- Januar 1933" u.s.w. Von dem Artikel habe ich soeben Kenntnis erhalten.

Hierzu teile ich Ihnen als dem offiziösen Blatt mit und stelle Ihnen anheim, von Ihrer Seite aus die Sdhriftleitung der "Volksgesundheit" entsprechend zu informieren:

Die fragliche Dissertation ist von mir selbstverständlich abgelehnt worden; die nicht bei der Fakultät liegenden Exemplare der Arbeit habe ich durch die Staatspolizei beschlagnahmen lassen.

Der Fall ist infolgedessen längst erledigt und es erscheint nicht als wünschenswert, daß diesbezügliche Nachrichten noch weiter durch die Presse gehen.

Heil Hitler!

Dekan

Abschrift habe ich an
Schriftleiter Herrn Tönnjes gesandt.

Einverstanden:
30/6 37 [illegible]

Quelle: UAK, Zug. 44/566

Die „fragliche Dissertation“ sei von ihm „selbstverständlich abgelehnt“ worden, so Kuhn an den Chefredakteur des Westdeutschen Beobachters Peter Winkelnkemper *(siehe Abb. S. 116)*. Die nicht bei der Fakultät liegenden Exemplare seien durch die Staatspolizei beschlagnahmt, der Fall sei also längst erledigt; weitere Pressemeldungen erschienen „nicht als wünschenswert“. Entsprechend wurden der Dozentenschaftsführer der Kölner Universität, Maximinian de Crinis, und der Gaudozentenführer, Erwin Geldmacher, informiert.

Und Lotte Schlesinger?

> Wenn diese Schweinerei vorüber ist, kommen Sie aber doch wohl wieder!"

Prof. Johannes Ziekursch zu Lotte Schlesinger [88]

Sie wohnte inzwischen in London (10 Wyndham Crescent, Flat 5) und berief sich im September 1937 auf eine Zusage, doch noch ihr Diplom ausgehändigt zu bekommen oder ihr doch wenigstens eine Bescheinigung über das abgelegte Doktorexamen auszustellen. Kuhn leugnete brüsk, jemals eine solche Zusage gegeben zu haben, bestätigte ihr aber im Oktober schriftlich die Dauer und die belegten Fächer ihres Kölner Studiums. Das Schreiben erreichte sie vermutlich nicht.

Nach dem Krieg wandte sich die inzwischen wiederverheiratete Lotte Dixon, die in London als Übersetzerin arbeitete, am 9.6.1946 erneut an den Dekan der Kölner Philosophischen Fakultät, damals den Historiker Peter Rassow, der ihren Fall vor die Fakultät brachte. Er bestätigte am 10.8. in einem Schreiben, dass sie das Recht habe, den Doktortitel zu führen; die Doktorurkunde folgte später. Rassow betonte, man habe dies „gern beschlossen“, fand allerdings kein Wort der Entschuldigung und des Bedauerns.

---

[88] Beim Abschied vor der Auswanderung Lotte Schlesingers 1937; *Frank Golczewski:* Kölner Universitätslehrer und der Nationalsozialismus (Studien zur Geschichte der Universität zu Köln 8). Köln/Wien 1988, S. 362 mit Anm. 66.

Quellen:

UAK, Zug. 600/68; Zug. 44/566 (lfd. Nr. 1015); Zug. 9/379.

Literatur:

Golczewski, Frank: Kölner Universitätslehrer und der Nationalsozialismus (Studien zur Geschichte der Universität zu Köln 8). Köln/Wien 1988, Seiten 348 f. und 362

Interview L. J. Kahn mit Lotte Dixon (geb. Brauer), 1935–1937, London, 27.12.1955. In: Barkow Benn (Hg.): Testaments to the Holocaust, Series One: Archive of the Wiener Library, London, Section Two: Eyewhitness Accounts. Reading u.a. 1998, Microfilm-Reel 47, Doc No. P.II.b., Nr. 172, 2 Seiten.

VI Zur Praxis der Doktorgradentziehung nach 1945 und zum Stand der Rehabilitierung

Unter Anpassung an die gewandelten staatsrechtlichen Formen galten das „Gesetz über die Führung akademischer Grade" vom 7.6.1939 und seine Durchführungsverordnungen grundsätzlich nach 1945 als Landesrecht weiter fort.[89] Altes Recht aus der Zeit vor dem Zusammentritt des Bundestages, so Art. 123 Abs. 1 des Grundgesetzes, „gilt fort, soweit es dem Grundgesetze nicht widerspricht." Hieran knüpfen sich voneinander abweichende Lesarten. Vorbedingung jeder Fortgeltung ist, dass die fragliche Rechtsnorm je gültig war. Nationalsozialistisches ‚Recht', das fundamentalen Erfordernissen der Gerechtigkeit so offenkundig widerspreche, dass sich Recht in Unrecht kehre, sei von Anfang an als nichtig zu erachten, so das Bundesverfassungsgericht 1968. Zu fragen wäre also, ob nicht auch das „Gesetz über die Führung akademischer Grade" von 1939 zumindest teilweise als Unrechtsnorm in diesem Sinne gesehen werden muss.

Nach 1945 jedenfalls gingen die Rechtsprechung und das ihr mehrheitlich folgende juristische Schrifttum überwiegend von der Fortgeltung des Gesetzes aus, wenngleich die Frage, ob es nationalsozialistisches Gedankengut transportiere, durchgängig diskutiert wurde. 1957 bekräftigte das Bundesverwaltungsgericht, das Gesetz und insbesondere der Entziehungsgrund der Unwürdigkeit enthielten kein NS-Gedankengut. Vielmehr habe das Gesetz nur Vorschriften zusammengefasst, die bereits seit 1900 in einzelnen deutschen Bundesstaaten bzw. -ländern bestanden hätten. Diese Entscheidung wurde zeitgenössisch vielfach kritisiert, doch hieß es in der Praxis, dass erstens die Entziehungen des Doktortitels während des Nationalsozialismus nicht automatisch nichtig waren und dass zweitens nach wie vor ein akademischer Grad bei Täuschung, Fälschung oder Erschleichung des Titels und auch wegen „Unwürdigkeit" entzogen werden konnte. Auch in Köln entzündete sich daran manche Debatte, wenn etwa der Dekan der Rechtswissenschaftlichen Fakultät Hübner in der Senatssitzung vom 9.5.1964 auf die fragwürdigen nationalsozialistischen Wurzeln des Gesetzes abhob. Er teilte dem Gremium vielmehr seine schweren Bedenken

89 Sammlung des als Landesrecht fortgeltenden ehemaligen Reichsrechts – RGS.NW., S. 93 (Rand-Nr. 221).

zur weiterhin nach altem Muster praktizierten Entziehung von Doktorgraden mit.[90]

Da über 1945 hinaus die Abtreibung ein Straftatbestand blieb und auch der § 175 StGB fortgalt, war in diesen Zusammenhängen die Entziehung des Doktortitels auch an der Universität zu Köln weiterhin aktuell. Vor allem die durch das Gesetz von 1939 vorgenommene Koppelung des Doktorgrades an eine erbrachte wissenschaftliche Leistung einerseits plus ein entsprechend ‚würdiges' Verhalten andererseits war interpretationsfähig. In den 1960er Jahren fand eine lebhafte juristische Debatte über die „Würdigkeit" als Promotionsvoraussetzung statt, wobei zwei Aspekte auffallen: Erstens erfuhr das Kriterium breite Kritik wegen seiner mangelnden Bestimmtheit und Verstoßes gegen die Art. 5 Abs. 3 und 12 des Grundgesetzes. Zweitens wurde „Würdigkeit" in Verbindung mit dem Bestehen eines Akademiker-„standes" diskutiert und – je nachdem – ihre Abschaffung oder Fortdauer verlangt.[91] Zunächst jedenfalls gingen die Zeitgenossen offenbar mehrheitlich vom ständischen Charakter der Akademikerschaft aus. Es überwog die Sichtweise, dass der akademische Grad nicht allein für eine wissenschaftliche Leistung verliehen werde, sondern „eine öffentliche Würde eigener Art" darstelle, eine „ehrenvolle Kennzeichnung der Persönlichkeit seines Trägers" bedeute und einen „besonderen Status" vermittle.[92] Die Rechtsprechung sah im Doktortitel über das fachliche Können hinaus eine Bestätigung „von persönlicher Lauterkeit und Ehrenhaftigkeit seines Trägers"[93]. In dieser Perspektive waren Erwerb und Besitz des Doktorgrades auch von der persönlichen Würdigkeit des Doktoranden bzw. Promovierten abhängig.

Einen Sonderfall von „Unwürdigkeit" stellte in diesem Zusammenhang bis 1970 die Entziehung durch Richterspruch dar, wenn nämlich gemäß § 33 und 34 StGB durch Gerichtsurteil ein dauernder bzw. zeitweiliger Verlust der bürgerlichen Ehrenrechte, zu denen die Führung des Doktortitels zählte, ausgesprochen wurde. Seine Entziehung erfolgte automatisch mit

---

90 UAK, Zug. 331/8, S. 72.

91 *Hartmut Schöner:* Das Recht der akademischen Grade in der Bundesrepublik. Diss. Würzburg 1969, S. 128ff.

92 *Thieme,* Hochschulrecht [1]1956, S. 218, 230f., [2]1986, S. 391f., 386f.

93 Zit. nach *Maurer*, S. 769

der Verhängung dieser Nebenstrafe durch das Gericht bei Trägern akademischer Grade, die Straftaten begangen hatten, welche mit Zuchthaus oder schweren Gefängnisstrafen geahndet wurden. Die Bekanntmachung durch die Universität - eine Entziehung im engeren Sinne fand also nicht statt - hatte in diesem Fall rein deklaratorischen Charakter. Der Verlust der bürgerlichen Ehrenrechte als Nebenstrafe fiel erst durch die Strafrechtsreform 1970 fort; an seine Stelle trat die gerichtliche Aberkennung der Fähigkeit, öffentliche Ämter zu bekleiden, die den Doktortitel nicht berührt. Entsprechend ist auch seine Entziehung durch Richterspruch nicht mehr vorgesehen.

Die Rehabilitierung derjenigen, denen die Universität Köln während des Nationalsozialismus den Doktortitel entzogen hatte, stand im Spannungsfeld der herrschenden Rechtslage und erfolgte entsprechend uneinheitlich und lückenhaft.

Der Kultusminister des Landes Nordrhein-Westfalen riet schon am 16.6.1947 dem Kölner Rektor, die aberkannten akademischen Grade wiederherzustellen, „sofern diese aus nationalsozialistischen Gründen entzogen waren". [94]

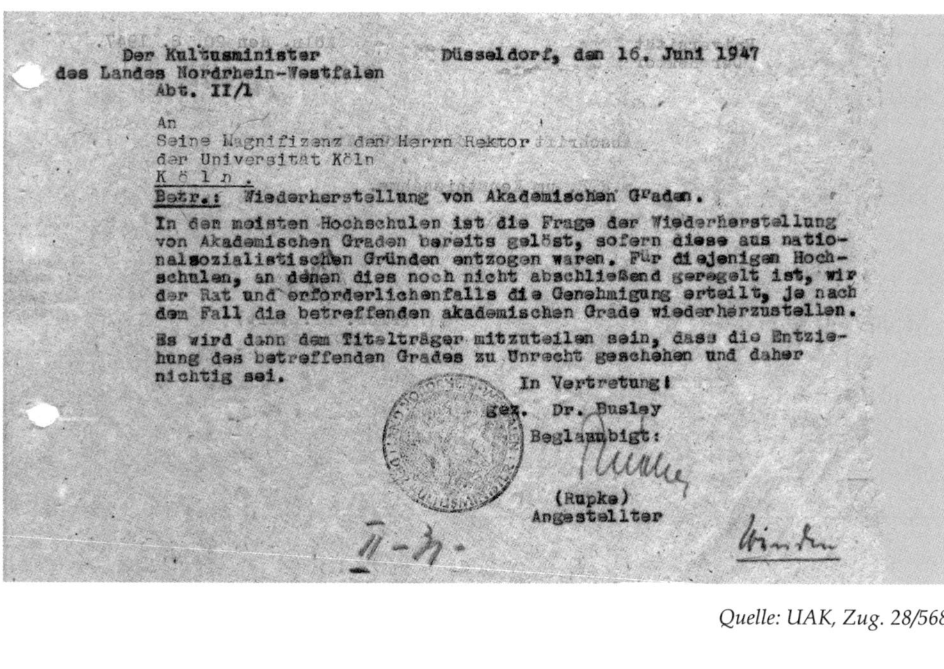

Der Kultusminister
des Landes Nordrhein-Westfalen
Abt. II/1

Düsseldorf, den 16. Juni 1947

An
Seine Magnifizenz den Herrn Rektor
der Universität Köln
Köln.

Betr.: Wiederherstellung von Akademischen Graden.

In den meisten Hochschulen ist die Frage der Wiederherstellung von Akademischen Graden bereits gelöst, sofern diese aus nationalsozialistischen Gründen entzogen waren. Für diejenigen Hochschulen, an denen dies noch nicht abschließend geregelt ist, wir der Rat und erforderlichenfalls die Genehmigung erteilt, je nach dem Fall die betreffenden akademischen Grade wiederherzustellen.

Es wird dann dem Titelträger mitzuteilen sein, dass die Entziehung des betreffenden Grades zu Unrecht geschehen und daher nichtig sei.

In Vertretung!
gez. Dr. Busley
Beglaubigt:
(Rupke)
Angestellter

Quelle: UAK, Zug. 28/568

[94] UAK, Zug. 28/568.

Der später an der Rechtswissenschaftlichen Fakultät lehrende Hans Peters stellte 1949 fest, dass eine Depromotion wegen „Unwürdigkeit" infolge Widerstands gegen den Nationalsozialismus und seine Institutionen „als offensichtlich gegen jegliches Recht verstoßend" von Anfang an nichtig sei.[95] In diesem Geiste handelte 1953/54 die Wirtschafts- und Sozialwissenschaftliche Fakultät, als sie kollektiv jene rehabilitierte, denen im „Dritten Reich" der Doktortitel aufgrund ihrer Ausbürgerung entzogen worden war. Der Entziehungsausschuss der Universität hob daraufhin in seiner Sitzung vom 23.2.1954 diese Entziehungsbeschlüsse wieder auf.[96] Soweit es sich überblicken lässt, war dies der einzige von Seiten der Kölner Universität unternommene Schritt zu einer Rehabilitierung.

Nach dem Ende der nationalsozialistischen Diktatur bemühten sich in Köln zwanzig einzelne Betroffene um die Wiederzuerkennung ihrer entzogenen akademischen Grade. In vier Fällen war den Akten zwar der Antrag auf Rehabilitierung zu entnehmen, über das Ergebnis verlautete aber nichts mehr.

Tabelle 3: Wiederzuerkennung entzogener Doktortitel nach Fakultäten

Wirtschafts- und Sozialwissenschaftliche Fakultät	9 Fälle (2 auf Antrag; 7 durch die Fakultät; 1946–1960)
Rechtswissenschaftliche Fakultät	7 Fälle (auf Antrag; 1946–1960; Ausgang unbekannt: 1)
Medizinische Fakultät	4 Fälle (1946–1948; Ausgang unbekannt: 3)
Philosophische Fakultät	–

95 *Hans Peters:* Lehrbuch der Verwaltung, Berlin 1949, S. 140.

96 UAK, Zug. 70/481.

Die derzeit an der Universität zu Köln gültigen Promotionsordnungen sehen die Möglichkeit einer Entziehung des Doktorgrades weiterhin vor. Abgesehen von der Regelung der Fälle, in denen der Titel durch Täuschung oder vorsätzlich falsche Angaben erschlichen wurde, verzichten sie aber im Falle einer Straftat ganz auf den Begriff der „Unwürdigkeit" des Titelinhabers. Statt dessen „kann" der Doktorgrad dann entzogen werden, wenn der oder die Promovierte wegen einer vorsätzlichen Straftat zu einer Freiheitsstrafe von mindestens einem Jahr rechtskräftig verurteilt und zuvor zu der beabsichtigten Entziehung angehört wurde. Allerdings zählt bei einigen Fakultäten die Vorlage eines polizeilichen Führungszeugnisses zu den Voraussetzungen, um zur Promotion überhaupt zugelassen zu werden, womit das Kriterium der persönlichen Integrität und „Würdigkeit", den Titel zu führen, grundsätzlich in Resten weiter besteht.[97]

[97] *Katrin Hofer*: Akademische Grade, Abschlüsse und Titel an künstlerischen Hochschulen. Diss. Frankfurt 1996, S. 296f.

Literatur zum Thema Doktorgradentziehungen

Blecher, Jens/Wiemers, Gerald: „... durch sein Verhalten des Tragens einer deutschen akademischen Würde unwürdig". Akademische Graduierungen und deren nachträglicher Entzug an der Universität Leipzig zwischen 1900 und 1935. In: Figuren und Strukturen. Historische Essays für Hartmut Zwahr zum 65. Geburtstag. Hg. von Manfred Hettling u. a. München 2001, S. 679–698.

Borchard, Klaus (Hg.): Opfer nationalsozialistischen Unrechts an der Universität Bonn. Gedenkstunde anlässlich der 60. Wiederkehr der Reichspogromnacht (Alma Mater - Beiträge zur Geschichte der Universität Bonn 88). Bonn 1999.

Breitbach, Michael: Das Amt des Universitätsrichters an der Universität Gießen im 19. und 20. Jahrhundert. Zugleich ein Beitrag zu den Doktorgradentziehungsverfahren zwischen 1933 und 1945. In: Archiv für hessische Geschichte und Altertumskunde 59 (2001), S. 267–332.

Forsbach, Ralf: „Des Tragens eines deutschen akademischen Grades unwürdig". Der Entzug von Doktorgraden während des Nationalsozialismus und die Rehabilitierung der Opfer am Beispiel der Universität Bonn. In: Rheinische Vierteljahrsblätter 67 (2003), S. 284–299.

Happ, Sabine: Politisch und nicht politisch motivierte Aberkennung von akademischen Graden. Eine Auswertung der Rundschreiben deutscher Universitäten in der NS-Zeit. In: Vielfalt der Geschichte - Lernen, Lehren und Erforschen vergangener Zeiten. Festgabe für Ingrid Heidrich zum 65. Geburtstag. Hg. von Sabine Happ und Ulrich Nonn. Berlin 2004, S. 283–296.

Hofer, Katrin: Akademische Grade, Abschlüsse und Titel an künstlerischen Hochschulen. Diss. Frankfurt 1996.

Hübinger, Paul Egon: Thomas Mann, die Universität Bonn und die Zeitgeschichte. Drei Kapitel deutscher Vergangenheit aus dem Leben des Dichters 1905–1955. München/Wien 1974.

Kullik, Jens: Der Entziehungsgrund Unwürdigkeit bei akademischen Graden und öffentlichen Ehrungen. Diss. jur. Göttingen 1996.

Lehmann, Hans Georg: Nationalsozialistische und akademische Ausbürgerung im Exil. Warum Rudolf Breitscheid der Doktortitel aberkannt wurde (Marburger Universitätsreden 10). Marburg 1985.

Lemberg, Margret: „ ... eines deutschen akademischen Grades unwürdig". Die Entziehung des Doktortitels an der Philipps-Universität Marburg 1933–1945 (Schriften der Universitätsbibliothek Marburg 113). Marburg 2002.

Linke, Tobias: Verwaltungsrechtliche Aspekte der Entziehung akademischer Grade. Tübingen 1999.

Moritz, Werner: Die Aberkennung des Doktortitels an der Universität Heidelberg während der NS-Zeit. In: Zwischen Wissenschaft und Politik. Studien zur deutschen Universitätsgeschichte. Festschrift für Eike Wolgast zum 65. Geburtstag. Hg. von Armin Kohnle und Frank Engehausen. Stuttgart 2001, S. 540–562.

Posch, Herbert/Stadler, Friedrich (Hg.): „... eines akademisches Grades unwürdig". Nichtigerklärung von Aberkennungen akademischer Grade zur Zeit des Nationalsozialismus an der Universität Wien. Erweiterte Dokumentation der gleichnamigen Gedenkveranstaltung vom 31.3.2004. Wien 2005.

Schöner, Hartmut: Das Recht der akademischen Grade in der Bundesrepublik Deutschland. Diss. Würzburg 1969.

Schupp, Volker: Zur Aberkennung der akademischen Grade an der Universität Freiburg. Bericht aus den Akten. In: Freiburger Universitätsblätter, Heft 86 (Dezember 1984), S. 9–19.

Thieler, Kerstin: „... des Tragens eines deutschen akademischen Grades unwürdig". Die Entziehung von Doktortiteln an der Georg-August-Universität Göttingen im „Dritten Reich". Göttingen 2004.

Wichardt, Rita: Verleihung und Entziehung des Doktorgrades. Diss. Kiel 1976

Archivalienverzeichnis

Die folgenden Signaturen beziehen sich auf die nach Zugangsnummern verzeichneten Bestände des Universitätsarchivs Köln.

1. Alexander, Werner: 70/481.
2. Arenz, Michael: 4/1854; 28/569; 29/II/46; 70/481.
3. Auerbach, Walter Siegmund Selig: 600/2; 44/551 (Nr. 568); 28/130.
4. Bloch, Reinhard: 600/7; 42/3980.
5. Bloch, Werner: 600/7; 67/1342.
6. Boch, Theodor: 28/129; 70/481; 598/4; 42/3980; 42/3132.
7. Böhmer, Christian jun.: 28/129; 28/569.
8. Cramer, Albert: 67/1342; 28/130.
9. Drecksträter, Karl Willi: 28/129.
10. Dubbel, Fritz: 578/33; 67/1367b.
11. Eckstein, Kurt: 28/129; 44/440; 44/545 (Nr. 325); 600/17.
12. Elkan (verh. Rauch) Anneliese: 44/436; 44/542; 600/18.
13. Elkan, Josef: 67/1342; 28/130.
14. Fink, Hermann: 28/129.
15. Flechtheim, Ossip K.: 28/129; 42/3980; 42/598; 42/3202; 598/12.
16. Folkert, Wilhelm: 28/569; 67/1368.
17. Frank, Anshelm Wolfgang: 28/129.
18. Fuchs, Heinrich: 600/23; 67/155; 28/130; 67/1342.
19. Gaul, Karl: 28/569; 600/23; 67/155.
20. Grütering, Ernst M.: 28/129; 44/549 (Nr. 495); 9/379.
21. Hermann, Heinz: 598/4; 600/31.
22. Heumann, Leo: 28/130; 600/32.
23. Hirsch, Moritz: 28/130; 44/537 (Nr. 69).

24. Hoffmann, Leopold: 28/130; 600/33; 67/237.
25. Kaczmarek, Johann: 28/569; 600/38; 70/481; 70/14.
26. Kahn, Heinz: 28/129; 42/3980; 600/38; 598/24.
27. Kahn, Julius: 28/130; 600/38; 67/237.
28. Kaldenbach, Gustav: 28/130; 67/237.
29. Kohlen, Karl-Erich: 28/130; 9/379.
30. Kötter, Walter: 598/1; 28/129; 42/3980.
31. Kresse, Alwin: 368/318; 368/319; 67/155; 67/237; 67/1342; 28/130; 600/44; 67/1368.
32. Landsberg, Paul Ludwig: 28/130; 600/46; 44/540 (Nr. 137).
33. Lazarus, Josef: 28/130; 67/237.
34. Levy, Ernst: 67/236.
35. Levy, Kurt: 28/129.
36. Loeb, Otto Wolfgang: 42/3980; 28/129.
37. Lörges, Karl: 67/237; 70/481.
38. Löwendahl, Hans Adolf: 28/129; 42/3160.
39. Mayer, Hans: 28/129; 600/46; 42/3709; 42/3980; 598/24.
40. Meininghaus, Max: 42/3980.
41. Mennen, Hermann-Josef: 28/129; 28/569.
42. Moses, Otto: 28/129.
43. Müller, Johannes (Hans): 70/19.
44. Neugarten, Fritz: 42/3980; 70/481; 600/56; 42/3171.
45. Panzer, Otto: 28/129; 660/59.
46. Pappenheim, Fritz: 28/130; 70/481; 600/59.
47. Pelzer, Lorenz: 28/569; 600/59; 67/1368a.
48. Philipp, Hans Gotthold: 42/3980; 598/4; 600/60.
49. Roters, Josef: 70/19; 28/129; 70/481; 600/64.

50. Salomon (geb. Lobbenberg), Anna Therese: 600/48.
51. Schiefer, Jakob (Jack): 4/4205; 70/309; 28/129; 600/68.
52. Schlesinger, Erich: 598/1; 42/3980.
53. Schmidt (geb. Hoeter), Irma: 28/569.
54. Schreckenberg, Josef: 70/283; 28/129.
55. Schüler, Berthold: 67/1342; 28/130; 600/72.
56. Schütz, Georg: 42/3184; 28/130; 28/569; 598/11; 600/72.
57. Selo, Herbert: 28/129.
58. Simon (geb. Baumann), Klara Pauline Lotte: 44/551 (Nr. 554); 28/129; 600/72.
59. Simon, Wilhelm (Willy) Oskar: 70/285; 600/74.
60. Solzbacher, Wilhelm: 70/301; 28/130; 70/481; 600/76.
61. Spanier, Albert: 70/282; 28/130; 70/481.
62. Stein, Hans (Ludwig): 28/130; 70/481; 70/138; 600/77.
63. Stern, Friedrich Siegfried: 67/236.
64. Teutenberg, Theo: 70/292; 28/569; 70/509; 600/79.
65. Werr, Friedrich Otto Heinrich Franz: 42/3229; 42/3980; 598/5; 28/129.
66. Edelstein, Paul: 28/569.
67. Falk, Ernst: 28/130; 28/648; 598/1.
68. Jacobson, Paul: 28/569.
69. Schlesinger (geb. Brauer), Lotte: 9/379; 44/566 (lfd. Nr. 1015).
70. Stöcker, Hans: 9/379; 600/78; 44/572 (lfd. Nr. 1155).

Abbildungsverzeichnis

S. 98: UAK, Zug. 598/3: Eintrag im Promotionsalbum der Rechtswissenschaftlichen Fakultät über die Promotion von Hans Mayer mit Vermerk über die Entziehung nach der Ausbürgerung 1938

S. 106: Porträt Jakob (Jack) Schiefer, ca. 1950 (Kreisarchiv Heinsberg)

S. 112: UAK, Zug. 44/566: Antrag von Lotte Schlesinger an den Dekan der Philosophischen Fakultät auf eine Bescheinigung über die erfolgreich bestandene Promotion (14.05.1937).

S. 115: UAK, Zug. 44/566: Artikel „Ist so etwas noch möglich?" aus der ‚Volksgesundheit', Juni 1937.

S. 116: UAK, Zug. 44/566: Schreiben des Dekans der Philosophischen Fakultät an den Hauptschriftleiter des Westdeutschen Beobachters wegen der Promotion Schlesinger (ohne Datum, Ende Juni 1937)

S. 121: UAK, Zug. 28/568: Ermächtigung des nordrhein-westfälischen Kultusministeriums an die Universitäten zur Wiederherstellung der 1933-1945 aus politischen Gründen entzogenen akademischen Grade (16.06.1947).